戒掉拖延
我有100招

鲁岭梅◎著

天津出版传媒集团

天津科学技术出版社

图书在版编目（CIP）数据

戒掉拖延我有 100 招 / 鲁岭梅著 . -- 天津 ： 天津科
学技术出版社， 2024. 12. -- ISBN 978-7-5742-2608-1

Ⅰ . G78；G791

中国国家版本馆 CIP 数据核字第 20244Z0R55 号

戒掉拖延我有 100 招
JIEDIAO TUOYAN WO YOU 100 ZHAO
责任编辑：吴文博
责任印制：兰　毅

出　　版：天津出版传媒集团
　　　　　天津科学技术出版社
地　　址：天津市西康路 35 号
邮　　编：300051
电　　话：（022）23332377
网　　址：www.tjkjcbs.com.cn
发　　行：新华书店经销
印　　刷：凯德印刷（天津）有限公司

开本 710×1000　1/16　印张 10　字数 150 000
2024 年 12 月第 1 版第 1 次印刷
定价：49.80 元

"快点起床，怎么穿个衣服都这么慢？"

"快点刷牙，吃早饭了，早饭都快凉了。"

"快点出门，要迟到了！"

"快点，快点，快点……"

面对孩子的磨蹭和拖拉，父母常常不停地催促，"穿快点！""写快点！"然而，催促多了，孩子就对催促产生了"免疫"，催促两三遍根本不管用，直到父母动用重量级的"催促＋发怒"，孩子才会勉强动一下。其实，孩子的拖延就是对父母催促和唠叨的对抗。父母停止催促，孩子的拖延反而会有所改善。

孩子拖延的主要原因是他们对时间没概念，父母已经急得火烧火燎，孩子却还优哉游哉的。年龄比较小的孩子通常不知道1分钟和10分钟的区别，在这两段时间内分别能做什么事。如果父母和孩子说："快点，还有5分钟就迟到了！"孩子很有可能以为还早呢，依旧不慌不忙。

最让父母头痛的莫过于孩子写作业时爱拖延的问题了。本来半个小时能完成的作业，孩子拖拖拉拉三个小时还没写完，哪个父母能忍着内心的"小宇宙"不爆发呢？但孩子的拖延，很可能和父母额外的"开小灶"有关。如果孩子把学校老师布置的作业写完，还有更多的课外作业等着他，孩子又不能选择公开和父母作对，那么只好用拖延时间来对抗过量的作业。

有时，孩子的拖延也和父母的包办代替有关。比如，父母嫌孩子书桌乱糟糟的，就去帮孩子收拾；父母嫌孩子穿衣服慢，怕孩子上学迟到，就帮孩子穿衣服……虽然都是出于好心，但父母每替孩子做一件事，就剥夺了孩子一次锻炼、成长的机会。重要的是，父母为孩子代劳太多，会让孩子对父母产生严重的依赖，有些事不愿意做就不做，能拖就拖，孩子会认为反正爸爸妈妈会帮忙。

孩子爱拖延也因为他们禁不住太多的诱惑，容易分心。电视、手机、电脑等娱乐产品，都会转移孩子的注意力，等孩子回过神来，才发现该做的事还没做。

孩子之所以磨蹭，还因为有些事是他们不愿意去做的，比如早起、写作业、睡觉、做家务……如果换成让孩子看动画片、吃零食、玩游戏，他们大都美滋滋去做了，抓都抓不住，更不用说催促了。

拖延是一种复杂的心理现象，其根源往往来自孩子的个性特质、家庭环境、学业压力以及社交关系等多重因素之中。有的孩子可能因为害怕失败而选择拖延，以避免可能出现的不完美；有的孩子则是因为注意力容易分散，难以抵制即时满足的诱惑；还有的孩子是因为缺乏自信，认为任务过于艰巨而无法开始。

拖延只是孩子成长过程中的一个阶段，而非终点。本书用漫画形式呈现孩子常见的拖延场景，系统地分析了造成孩子拖延的原因，并给出可操作性强的改变方法。

如果你的孩子身上有"拖延症"现象，相信这本书可以帮助你深入地了解孩子拖延背后的心理原因，有针对性地纠正孩子的拖延行为，从而帮助孩子高效按时完成各项任务，建立更加坚韧的心态，让孩子享受成长的乐趣。

CONTENTS **目录**

Part ① 建立时间观念，"慢"小孩不用催

Part ② 训练专注力，帮孩子赶走拖延提高效率

Part 3

激发学习兴趣，孩子喜欢才不会拖拉

Part 4

给予自主权，让孩子被动变主动的秘诀

Part 5

化难为易，让孩子在快乐中努力

Part 6

正面反馈，让孩子变身行动派

建立时间观念，
"慢"小孩不用催

在孩子的眼里，时间是无穷无尽的，哪怕晚上11点多了，他也没有"这么晚，该睡觉了"的时间意识。帮助孩子树立正确的时间观念，认识时间，学会时间管理，才能帮孩子戒掉拖延。

用时间感来化解孩子的拖延症

情景展现

闹铃一响，沐沐妈妈就将准备好的衣服放在沐沐床头，并叮嘱她赶紧穿衣起床。10分钟过去，妈妈还没看到沐沐出来，就跑到房间里去查看情况。

一边是慢吞吞地刷牙、慢吞吞地穿衣服、慢吞吞地吃饭的孩子，一边是着急上火的父母。更让父母抓狂的是，无论大人多么着急，孩子依然慢悠悠。为什么孩子和大人的节奏永远无法同步？

时间很抽象，孩子不能理解父母的着急是正常的。三岁以下的孩子，对时间的流逝几乎无感，他们只知道根据生物钟的提醒做事，困了就说明到了睡觉的时间，饿了就说明到了吃饭的时间，孩子这时候还不清楚一分钟、一小时、一周具体有多长。

孩子的时间和大人不一样

拖延就是因为孩子没有时间概念，即他们对时间的知觉跟大人不一样。所谓时间知觉，是人对事情发生的顺序性（时间顺序）和持续性（时间距离）的直觉反应。

比如，在大人眼里，刷牙这件事 3 分钟就可以完成。而在孩子眼里，满嘴的泡泡挂在嘴边像老爷爷的胡子，孩子感到十分有趣，就对着镜子左看看右看看；漱口也是一件有趣的事，他们可以含一口水跑到阳台，吐到花盆里，给花浇水，这样来回地跑，乐此不疲。结果 10 分钟过去了，刷牙这件事还没有完成。

人的时间感是由大脑里的海马体决定的。海马体负责我们的时间感和记忆，当海马体在一件事上对我们发出"要记忆"指令的次数越多，我们在回忆时就会觉得时间过得越慢。而小孩子对什么都很好奇，海马体就会频频发出记忆的指令，所以小孩子总是觉得时间过得慢。

根据小儿认知的发展规律，当孩子在 4～5 岁时就会开始有时间概念了，所以对 4 岁之前的孩子说类似"现在都 9 点了，你还不睡觉"实在意义不大。

不过这也不意味着父母不该教孩子认识时间，在这个阶段父母可以初步地帮孩子理解简单的时间概念。以下方法可以帮助孩子。

第1招 将时间具象化

如果孩子不清楚"20 分钟之后去洗漱""半小时之内必须把饭吃完"的含义，那么父母可以把时间具象化，让原本抽象的时间变得容易被理解，帮助孩子感知时间。

比如，在说到具体时间时，父母可以用笔画出两条代表时间长短的线条，让孩子知道 1 分钟与 5 分钟的"长度"是不同的。有时候，如果知道爸爸再过 10 分钟就能回家，妈妈可以告诉孩子："等你看完 1 集《熊出没》动画片，爸爸就到家了。"

父母还可以用手势来表示时间，比如在跟孩子说"再玩 10 分钟就去睡觉"的时候，用双手的食指比出一段 10 分钟的距离，当食指间没有距离时，就代表时间已经到了，孩子应该去上床睡觉了。

另外，父母还可以让孩子通过听觉、视觉、触觉多方位来让孩子感知时间，让孩子知道时间并非虚无缥缈，是能够真切感受到的。

第2招 使用形象化计时工具

　　父母可以使用闹钟、沙漏等形象化的计时工具来帮助孩子理解时间的概念。比如，父母可以先将时间设定好，时间一到闹钟就会发出声响，孩子自然会有所反应："哇，时间到了，我要快一点儿。"父母也可以选用图像化的挂钟，如以十二生肖代表数字的钟，用它来提醒孩子："当短针走到'老虎'的时候，你就要把饭吃完。"这个时候的孩子的思维还停留在具体形象化阶段，将抽象的时间具体为声响与动物，孩子更容易理解，效果也会更好。

第3招 有意识地使用时间词汇

　　虽然孩子的时间概念发展情况大都跟不上他对时间词汇的掌握速度，但学习使用时间词汇能增进他的时间概念。为此，父母可以有意识地在他面前使用时间词汇，如"你今年两岁，明年就三岁了"或教孩子唱一些和时间有关的儿歌，如冬天到，雪花飘……

　　另外，如果家长要带孩子出游，就可以提前把出游计划，用语言描述给孩子，"我们到车站乘公交车去公园，然后一同吃午餐，之后一起做游戏……"让孩子理解时间的相对概念，如现在、之前、之后等等。

培养孩子"要事第一"的习惯

情景展现

  青青的妈妈出差了。没有妈妈的唠叨，青青感觉真爽，她决定，先玩会儿再写作业。正好这时对门的邻居小米来找青青玩。

什么是要事第一呢？

答案很简单，就是要做最重要的事情，不管困难还是麻烦，必须安排在第一时间完成，其次再按照重要的程度去完成其他事。

但孩子往往惦记着玩，没有"要事第一"的概念。这是因为孩子还不能对各种事物作出准确的判断，不知道哪些事是首要的、紧急的，哪些又是次要的、可暂缓处理的。这时，家长就要帮助孩子将这些复杂的事情进行分类，划分轻重缓急的程度，然后让孩子一件一件去解决。

四象限法则

四象限法则是时间管理理论的一个重要方法，它把我们学习、生活中的各种事情划分为四类：重要且紧急的事、重要却不是很紧急的事、紧急但不太重要的事、不重要也不紧急的事。在教育孩子的过程中，家长应该引导孩子依这样的顺序来处理各项事宜。

比如，明天要交的作业，是重要且紧急的事；这个月学校要求阅读的必读书，是重要不紧急的事，要优先做完，不能拖到最后；而那些无论是否紧急，但都不那么重要的事，比如在同学群里聊天、玩电脑游戏，应该在重要的事完成之后，在相对空闲的时间才去做。

很多家长都会在孩子身上发现这样的现象：孩子做起事来完全像只无头苍蝇，虽然忙忙碌碌地飞个不停，但是却永远也找不到正确的出口。其实，孩子之所以会这样，最根本的原因还是他们做事不分轻重缓急，总是妄想胡子眉毛一起抓，结果浪费了大量的时间，最终什么都没做好。

对孩子来说，学习关系着未来的成长，属于重要事务，必须将之放在重要的地位上，占用最丰富的时间资源。在保证学习的优先时间后，再根据孩子的需求和兴趣安排其他的事情。

那么该如何让孩子分清事情的轻重缓急，做到"要事第一"呢？

第4招 让孩子放学后先写作业

放学后先写作业，这是培养孩子"要事第一"的最重要的一件事。

先写作业并不意味着放学回家，就把孩子催到书桌前。家长可以稍微给孩子一点放松时间，比如10分钟的休息时间，让孩子吃点东西，喝点水等。静一下，再开始写作业。

先写作业意味着，在孩子写作业之前，不安排其他娱乐活动。比如看电视，如果每天晚上允许孩子看半个小时电视，那尽量安排在做完作业以后。

做作业的过程中，如果作业多，要允许孩子中间休息一会儿。比如，每写半个小时作业就可以休息10分钟。为什么要安排休息？因为当孩子用心做作业时，孩子的大脑神经系统就会高速运转，十几分钟后，大脑的葡萄糖就供应不足了，如果这个时候不主动停止工作，大脑就会形成压力。此时，可以稍作休息，等到孩子身体跟心理放松、缓解后，再写作业，效率会更高。

第5招　明确做事的时间和期限

　　父母应该优先保证孩子投入重要事情上的时间资源，制定一个明确的终始时间表，这样孩子在做事的时候才会专注，效率才会提升。而那些相对不怎么重要的事情最好也有一个明确的截止日期，这样可以使孩子在做事的时候学会掌控时间资源，用最好的心态来面对眼前的学习和生活。

　　当然父母也要教孩子学会自己安排时间的分配次序。比如，我们期望孩子先完成需要动脑、难度比较大的作业，而孩子习惯先完成简单的作业，那就先尊重孩子的习惯，但要确定完成的时间。

第6招　用故事或身边事例启发孩子

　　有时，孩子做事杂乱无章，是因为孩子还没意识到不分轻重缓急会造成哪些不良后果。想要让孩子轻松面对各种或急或缓、或轻或重的事情，家长就应该让孩子知道做事不分轻重缓急的害处。为此，家长可以在平时生活中多讲一些相关的故事给孩子听，让孩子从中受到启发。

　　需要注意的是，我们给孩子安排好，或者是孩子自己排列好事情的先后顺序后，最好写在纸上，一旦确定下来，就不要随便改动。

约定具体时间，别再说"要迟到了"

情景展现

周一早上，朝朝妈妈因为公司要开晨会，非常着急出门。但朝朝还在慢吞吞地吃早饭，为此朝朝妈妈很是恼火。

着急的父母每天念叨最多的就是"赶紧起来，不然要迟到了！""快点洗漱，马上要睡觉了！""别玩了，快过来吃饭""快走！"尤其是赶着要上班，又担心堵车的时候，就希望孩子能够比以前麻利点，但是孩子并不能理解大人的着急。

孩子不能理解大人的"快一点"

孩子不能理解父母的着急是因为不懂"快一点"究竟是多快。通常大人都是按照自己的活动和事情来安排时间的，这个安排往往没有考虑到孩子。到了父母认为该出门的时间，就催促孩子。

另外，孩子不会像大人一样，可以迅速地转移自己的注意力。因此，如果我们尝试把笼统的"快一点"换成具体的时间，效果会好很多。

孩子不懂大人为什么总是着急

孩子无法做到大人嘴里的"快点"，和他们不懂得"时间一去不复返"的道理是一样的。在孩子的世界里，时间的快慢取决于自己的心情和做事的效率，比如玩游戏时，孩子会感觉时间过得很快，而做作业时则会觉得时间过得很慢。

约定具体时间的好处

在做某件事情前和孩子事先约定好具体的时间，可以减少不必要的冲突和亲子关系危机。由于事情都是事先约定好的，到了约定的时间，父母和孩子就一定要遵守约定。

对孩子来说，这样的约定代表了他有了一定的努力目标，这就要求他必须合理安排好这一小段时间，而且不能超出时间。长时间地进行这样的训练，孩子就会逐渐意识到，时间并不是由父母掌控的，而是可以由自己来把握的。

给父母支招

刚开始孩子可能会耍赖，家长可以事先给孩子承诺，如果遵守约定，将会得到一定的奖励。有了奖励的刺激，孩子会更认真地遵守约定。

事先和孩子约定好时间，可以让孩子有心理准备。当父母和孩子说"你可以去玩滑梯，但我们只能玩半小时，8点的时候必须离开。"到了8点，我们叫孩子走，孩子可能就不会有太多的抵触情绪，即使不想走，也会选择按约定的时间离开。

当然在和孩子约定时间的过程中，还有以下几个问题需要父母注意。

第7招 时间节点要明确

当父母和孩子约定的时间为15分钟时，就不要说"十几分钟"，这样会让孩子不清楚该怎样安排，毕竟从11分钟到19分钟都是"十几分钟"。如果时间不确定，孩子无法明确安排或遵守时间。

时间节点的设定，就是要求孩子到这个时间就结束自己该做的事。所以，孩子应该迅速完成要求，不能拖拖拉拉，能尽快完成的事情最好能尽快完成。不能延迟完成，否则就会受到相应的惩罚。

当然，孩子在玩的时候，很可能会忘记时间，约定时间到了就会大哭大闹。在这个时候，父母也一定要坚持原则，不要心软，告诉孩子"既然做了约定就一定要遵守"。

第8招 ▶ 约定的方式要理性

　　和孩子约定就应该是双方心平气和地相约而定，而绝不是父母单方面地要求孩子必须做什么。所以，父母千万不要说"给你10分钟，如果做不完就等着挨揍吧！"而是要语气温和地说"我们可约好了哦，10分钟之后我在餐桌上等你，你可不要耽误时间啊！"心平气和地和孩子约定，孩子才会乐意接受这个约定。

　　另外，父母可以在孩子做作业时放一个小闹钟，预设好之前约定完成作业的时间，提前10分钟设定闹铃，这样当孩子听到闹铃响了之后就会有一种紧迫感，自然就更自觉地快速完成作业了。

第9招 ▶ 如果不能完成约定，惩罚也要明确

　　如果孩子没有实现约定，超出了时间，父母可以采取一些惩罚措施，比如"缩短看动画片的时间""减少去游乐场的次数"等。但是一定不要用体罚，像罚站、不准吃饭之类的惩罚都是不合理的。惩罚的目的是让孩子意识到，不遵守时间的约定是错误的，但不能让孩子感觉不遵守时间是那么可怕的事情，否则可能会适得其反。

试试神奇的"时间银行"，让孩子主动完成

如果孩子总是磨磨蹭蹭，不懂得节约时间，父母可以尝试使用"时间银行"来帮助孩子提高效率。

如果孩子总是磨磨蹭蹭，不懂得节约时间，父母可以尝试使用"时间银行"来帮助孩子提高效率。

时间银行的功能

时间银行是由埃德加·卡恩提出的，他在中年时因一场重病，对生活的内涵产生了全新的理解。"时间银行"是指志愿者将公益时长存进银行，如遇问题就将时间提取出来，获得相应的救助，也就是用时间换帮助，银行是媒介。若是应用在儿童教育中，可以理解为把孩子节省下来的时间当成货币，可以使用、储存或是交换。

时间银行的意义

时间银行设定的目的是治疗孩子的拖延症，那节约下来的时间被存入银行后，就要交由孩子自己支配，父母只可以适当提出意见，不可以掌控，否则孩子做事的动力就会减弱。

时间银行的开启

必须父母都在场时才可以开启时间银行，存入时间。等到三个月后，才能让孩子自行开启。如果大人不在家，孩子无人看管时，父母可以在固定时间内给孩子打电话，提醒孩子。

时间银行的激励方法会让孩子更有动力去改变，养成高效行动的习惯。同时也能在一定程度上调节亲子关系，使家庭氛围变得更为轻松愉悦。时间银行实行一段时间后，孩子会发现高效率及节约时间的优点，进而形成正确的时间观念，进行自我时间管理。所以，父母给孩子存钱不如给孩子存时间。

在具体操作"时间银行"的过程中，需要注意以下几点。

第10招 带孩子体验真正的银行

开设时间银行时，父母可以让孩子选择一个自己喜欢的笔记本，在上面写上"时间银行"，这个笔记本就代表时间存折。如果孩子在这方面没有概念的话，父母可以带孩子去银行存一次钱，让孩子了解怎样去柜台存钱，还可以带孩子去认识自动存取款机，让孩子试着取钱。

时间银行与银行的定义相似，节约时间是加分，支出或超出时间是减分。例如，孩子可以用"＋10""－10"将每一项操作都详细记录在册，方便以后进行统计。另外，如果时间银行用于写字之类的任务，就需要对任务的质量进行考察。父母切记不能让孩子为了预存时间，而求速不重质。

第11招 前21天是关键

可以想象，在最初设定时间银行的时候，孩子一定是兴趣满满，一天要查看几遍自己的时间存折。但随着时间的推移，孩子的兴趣就会减弱。为了让孩子彻底摆脱拖延，这个办法一定要坚持下去。有研究显示，一个好习惯至少需要21天才能从刻意变得自然，经过90天才能变得稳定。

第一周需要确定规矩，并不断进行训练。如果孩子表现得好，父母可以给孩子一些奖励，让孩子有机会在短期内完成心愿。

第二周父母要适当督促孩子，帮助孩子纠正错误。让孩子把自己存在银行的时间，及时花掉。

第三周加大执行力度，巩固成果。父母给孩子创造一些激励手段，比如设定更多积分。基本上，三周以后孩子就能接受这一习惯，做事效率也会提高。

第12招 做事的时间适当延长

为了鼓励孩子，父母可以在预估做某件事所需时间的基础上，再多加点时间，以便让孩子完成后发现还有不少剩余时间可以存进银行。比如，预计25分钟写完的作业，就给孩子30分钟，其他任务也采用同样方法。需要注意的是，预计时间要符合孩子自身情况，不能为了激励孩子而刻意将时间加太多。比如，一般情况下孩子的起床时间是7点，父母就不要把时间设定在7点30分，这样会让孩子觉得规则可以随便更改，当孩子做不到的时候，就会向父母提出时间推迟的要求。

父母还可以根据孩子的喜好，把时间能交换的物品变得更加丰富。比如，孩子可以用节约的时间交换一次家庭旅游或是远行、想吃的零食、想买的图书、一直感兴趣的玩具，或者是加长一个小时的游戏体验。具体可以是30分钟能够换一个玩具，500分钟可以换一次去有趣的城市游玩的机会……这主要根据孩子自身情况，制定相应的策略。

有增就有减，如果规定30分钟做的作业，实际完成时间是35分钟，那父母就要从孩子的时间银行里支取出5分钟。

引导孩子高效利用碎片化时间学习

楠楠放学后充分利用碎片化的时间复习功课、完成老师留的背诵任务，节约了不少时间。

许多父母是不是觉得孩子的学习时间不够用？大把的练习册没时间写，好多古文、单词没时间背，一堆课外书没时间看……

时间都去哪儿了？

很多孩子都会抱怨："妈妈，我都没有多余的时间背课文。""爸爸，我英语单词还没背呢！"家长们也表示很纳闷，"孩子的作业看着也不多啊，为什么总有做不完的，时间都去哪儿了呢？"

大部分孩子的时间是这样分配的：白天在课堂学习新课，晚上放学回家完成老师布置的作业，有的甚至还要去上辅导班。看起来，孩子一整天的时间确实都用完了，但是很多家长都忽略了孩子的碎片化时间。

在孩子的日常生活中，有许多零星的、碎片化的时间，如车站候车的三五分钟，医院候诊的半个小时等等。如果孩子能够珍惜这些零碎的时间，把它们合理地安排到自己的学习中，时间积少成多，就会成为一个惊人的数字。

在日常生活中，父母要教育孩子认识碎片时间，让孩子千万不要小看这些零散的时间，学会利用这些时间做自己想做的事情。更重要的是，假如孩子重视这些"随处可见"的碎片时间，并将之运用到学习上，那么孩子学习效率会变得相当高。

时间往往不是一个小时一个小时地被浪费掉，而是一分钟一分钟地悄悄溜走。

碎片时间在哪里

在放学和上学的路上，孩子可以听英语、听古文、听故事。早起10分钟，孩子可以背背单词，古文。睡前可以进行亲子阅读等。科学的学习内容规划，结合利用碎片化时间，相信孩子学习的时间会够用的！

美国发展心理学家杰罗姆·凯根说过："时间是在分秒之中积成的，善于利用每一分钟的人，才会做出更大的成绩。"争取时间、善于利用碎片化时间是孩子高效学习的保证。那么，利用生活中的哪些碎片化时间来学习呢？

第13招 ◀ 等待的时间，是学习的"黄金时间"

　　等待是孩子生活中经常会遇到的事。和同学约会出去玩需要等、坐公交车需要等、上课铃响后等老师来班级上课……如果家长能够引导孩子利用这些等待的时间学习，也就意味着孩子掌握了更多的时间资源。

　　家长可以让孩子随身携带一本书，在碎片时间读几页；或者拿出平常准备的问题本，在碎片时间进行回忆和思考；或者在碎片时间按照课本目录对学过的知识进行回忆。经常这样做，孩子不仅能够学习新知识，还能把学过的知识变为牢固的记忆，起到复习的作用。

第14招 ◀ 公交车上背英语单词

　　童童妈妈问童童："你每天坐公交车上学的时候都干什么呢？"童童说："就坐着呗，还能干吗。"于是，童童妈妈就建议童童可以利用乘公交车的时间背英语单词，一来可以高效利用时间，二来可以避免无聊。听了妈妈的话，童童就开始准备卡片，在每张卡片上写三四个英语单词，在每天早晚乘公交车的时候记单词。

当然，父母一定要提醒孩子在乘公交车的时候注意安全，在上车之后再掏出卡片，上车或下车时要看好台阶，还要注意报站提示，千万别坐过站。

第15招 ◀ 饭前饭后背诵一段课文

很多孩子在菜还没上桌时就等在饭桌前，这段时间里，他们不是玩手机游戏就是坐在桌前发呆。家长可以引导孩子利用饭前等菜的时间，让孩子看会语文课文或者读一篇英语小短文。饭后，孩子在散步时，也可以背几个英文单词，这样孩子能够更好地利用时间，提高学习效率。

父母还可以和孩子在饭前玩一些闯关游戏。比如父母可以客串老师，检查孩子的背诵效果，提问古诗的上一句，让孩子背诵下一句，也可以问一些数学和外语方面的知识，激发孩子的挑战兴趣。这样一来，孩子在学到知识的同时心情也会大好，吃饭也会特别香。

零散时间具有很大的不确定性，周围的环境因素也不一定适合学习，父母可以帮孩子下载一些英语听力资料到音乐播放器里，在零散时间里练习英语听力也是不错的选择。

当孩子说"明天再做",如何正确回应

情景展现

正正今年 7 岁了,对平时父母交代给他的事情,他总是一再拖延,一件简单的事情也要做很久。

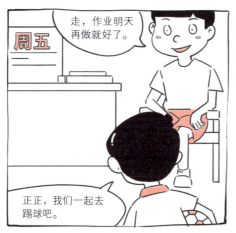

很多父母抱怨，孩子一回家就玩游戏，定好的计划一拖再拖。父母催促孩子时，孩子会说"我明天再写作业"；当孩子体重超标，父母催促孩子锻炼，孩子会说"我明天开始每天晨跑"。孩子总说"明天再做"，其实明天他照样不会做，所以事情就拖到了后天、大后天……

不要相信孩子"明天做"的承诺

一个没有拖延症的孩子，在接到一个任务的时候，想的就是如何完成此项任务。但如果是一个有拖延症的孩子，他可能会想"哦，还早呢，明天再考虑这件事吧。"无独有偶，拖延症小孩在面对"该把这项工作放到现在还是留给未来"这个问题的时候，他们往往是选择后者，他们会说"我今天有太多事情了"，或者说"我今天状态不太好"，甚至会说"我今天心情不太好"。

爱拖延的孩子心中坚信"今天不适合开始处理事情，但明天就不一样了，明天我就能全身心地投入任务中了"，但到了明天，他们又会自然而然地往后推。于是，孩子的拖延症就越来越严重了，今天不会做的事情，明天一样不会做。

不要因为孩子没完成就生气

一旦孩子没有按计划完成今天的事情，父母就会急躁、生气。其实，孩子很可能只是不知道时间的重要性。这时，父母要做的是耐心劝导。因为严厉的斥责只会让孩子更叛逆，反而得不到应有的效果。

有的时候，孩子真的很难管住自己，他们可能会被玩具、美食或者动画片吸引，所以就把事情拖到了明天。

孩子总觉得时间多得是，一切都来得及。其实并不是这样的，无论在哪个年龄，时间都很宝贵，都不应该被浪费。如果能够让孩子从小就养成日事日清的好习惯，会让孩子终身受益。那么父母应该怎么做，才能培养孩子"今日事今日毕"的习惯呢？

第16招 当天的作业必须当天完成

要做到今日事今日毕，让孩子当天的作业当天完成是非常重要的。孩子当天的作业一般是复习当天的功课，因为是老师刚教过的知识，所以当天孩子做起来会比较顺利。如果第二天再做，孩子就会吃力很多。如果当天拖下来没有完成作业，不仅没有达到复习的目的，还会衔接不上第二天的学习，可能会被老师留下补课或受到批评，对孩子心理产生不良影响。

今天的事不做，想留到明天去做，在这种拖延中所耗去的时间和精力其实也足以将那件事做好。收拾以前积累下来的事情，孩子都会觉得不愉快而讨厌！本来当时一下子就可以很愉快、很容易做好的事，拖延了几天、几星期之后，就显得讨厌与困难了。

要想打破孩子"明天再做"的魔咒，父母在一开始就要要求孩子每天按计划完成当天的作业，不允许今天不做，明天做，力求孩子每天的节奏都是一致的。

第17招　对孩子的无理要求说"不"

　　孩子在自己的房间里写着作业，就突然跑到妈妈的面前，央求妈妈让他看一会儿动画片时，妈妈答道"算了，你看会动画片吧，不过，就只有今天，下不为例"。孩子在超市遇到想买的东西，但是因父母不同意而哭闹时，妈妈说"好了，别哭了，妈妈给你买就是"。当孩子要看动画片不肯写作业时，当孩子去超市买不到想要的东西就不肯走时，父母是否也只说一句"算了算了""下不为例"？

　　很多父母总是想着"暂时满足他的要求，下次不由着他性子就行了"，可是却往往事与愿违。父母在该拒绝孩子的时候"心慈手软"，孩子也就在这样的"妥协"中放任自己，甚至变本加厉。

　　父母为孩子破例一次，孩子可能还会贪心第二次。而父母常常在孩子面前是狠不下心的。等到第二次时，父母说不定又以一句"下不为例"应对过去，而忘记孩子已经无理要求两回了。人的欲望是没有止境的。让孩子尝到了一次甜头，知道了这件事情不做也行，后面就可能没有罢休的时候。

　　一些原则性的事情，父母不能答应孩子。比如原本父母和孩子约定好了放学回家后先写作业再看电视，可是这天孩子耍赖，非要先看电视。这时，父母必须让孩子明白，无论怎么闹，这个无理的要求就是不能答应。孩子"碰壁"了一次，知道耍赖也没有用，那么下次他也不会再如此了。对于过分的要求，没有"下不为例"可言。

Part

2

训练专注力，帮孩子
赶走拖延提高效率

　　孩子专注力差，东看看西摸摸，总是被外界的各种因素影响，做事就容易拖延。有专注力，才能开启高效之门。培养孩子的专注力，让他在规定时间内集中注意力完成任务，是有效改善拖延的方法。

不打扰，呵护孩子专注力的第一步

情景展现

　　元元正在专注地背诵古诗，但是因为爸爸妈妈的打扰，元元中断了好几次。等元元想要继续背诵时，已经静不下心了。

专注能力是激发孩子学习潜能的必要条件，没有专注能力的孩子无论是在学习上还是生活的其他方面，都不会全身心地投入，这对孩子兴趣爱好的培养和成长是不利的。培养孩子的专注能力，将会对他的人生产生重大的影响。

然而，父母总喜欢去关心孩子的方方面面。比如，孩子正在专心练字，妈妈推门送水果；孩子在搭积木，爸爸忽然兴趣满满地要求加入进来。这些行为往往会影响孩子的专注力。

打扰等于打断孩子的思路

事实证明，当孩子正在聚精会神地学习时，是在调动其整个大脑神经系统来解决问题，高效率地完成任务。此时，如果父母以关心孩子的名义打扰孩子，就会打乱孩子原有的思路和节奏，影响孩子的注意力和情感思维的发展。

不打扰才能培养专注力

高质量的陪伴就是静静地守护，只在必要的时候给予支持。不管是一起亲子阅读，一起搭建乐高，还是一起过家家，都应由孩子主导游戏，大人只需配合就好，或者静静看着孩子就足够了。

不被打扰，孩子才有机会和时间去思考怎么玩，从而主动调整自己的行为，这就是主动协调的状态。孩子投入状态和投入的时间越长，专注力就会得到更好的锻炼。对于低龄孩子，常常很难进入到主动协调的状态。父母这时可以适当引导，认真倾听和积极回应，帮助孩子进入主动协调的状态。

不过，研究发现，如果孩子这儿玩一下，那儿玩一下，在每个玩具上停留的时间都很短暂，这时父母如果放任孩子不管，将不利于专注力的培养。只有适时介入，帮助孩子在同一个玩具上增加投入时间，才有助于孩子专注力的培养。

那么，在哪些情况下，父母不应该去轻易地打扰孩子呢？

第18招 孩子读书、写作业时不打扰

很多父母在孩子读书的时候，常会以关心孩子的名义，不是去递水、送水果，就是提醒孩子书与眼睛离得太近。这本来是出于好意，但是每一次打断都会影响孩子接下来的思考。尤其当孩子看的是一些系统性和逻辑性强的书本，一旦因为外界干扰，思路被打断后，孩子就很难再集中注意力。所以，在孩子读书的时候，父母最好不要以任何理由去打扰。

另外，也有父母喜欢在孩子认真写作业的时候，去询问作业完成情况或是监督孩子学习，一会儿指责孩子做得不好，一会儿又在孩子需要安静做作业的时候打电话。父母这样不停地打扰孩子，将会导致孩子的耐心被消磨殆尽，根本就无法认真做作业。

第19招 孩子独自玩耍时不打扰

有的父母看见自己的孩子在安安静静地玩玩具，心里很是喜爱，就情不自禁地想和孩子一起玩，于是完全不考虑孩子的心情就直接要求加入孩子的游戏。实际上，这不仅打扰了孩子，更破坏了孩子的专注力。

　　小然两岁时特别喜欢玩石头,于是小然的爸爸就去沙滩上帮他捡了一大堆的石头,放到盒子里。小然特别高兴,每次都拿着石头放到水里玩,或者刨坑把石头埋在土里,自己一个人很开心,爸爸妈妈也从来不去打扰他。但小然的爷爷只要有时间就一定会跑过去和小然一起玩,爷爷不是怕他冷就是怕他热,还去打乱他的游戏步骤。其实,在孩子没有危险、无需帮助的时候,长辈就不要去介入孩子的游戏。就算觉得孩子玩游戏犯了很多不该犯的错误,如果没有更好的办法,就不要随便打扰孩子。因为长辈的干涉只会让孩子无法集中精力,做不到专注,甚至不知道怎么做才是对的,从而影响他的探索欲望。

第20招　孩子专注观察时不打扰

　　孩子好奇心重,经常会盯着小蚂蚁等小虫子,看得入迷,或者朝着一个方向出神。这些表现多半是孩子对新环境的事物感兴趣,正在用大脑来处理眼睛所看到的信息。孩子在观察细微事物上有特殊的视角,一些很容易被成年人忽视的、看似没有什么价值的物品,却能吸引孩子的全部注意力。

　　动物园里,5岁的聪聪正在津津有味地看猴子,聪聪爸爸却不耐烦地催促:"走了,走了,还有好多动物没看呢。"聪聪连忙喊住爸爸"爸爸,等会儿。你看那只小猴子一只手拿着胡萝卜,一只手还能爬绳子,好厉害啊。"爸爸一边敷衍一边又催:"是啊,赶紧走吧,都看半个小时了。"

　　当孩子处于观察的时候,父母不要因为赶时间而催促孩子。聪聪的爸爸与其带孩子走马观花地看完所有动物,还不如让孩子在喜欢的动物前多逗留一会,尽情享受观察的乐趣。

用好"番茄钟"，孩子再也不拖延

情景展现

妈妈给洋洋规定了做卷子的时间，希望能培养他不拖延的习惯，但洋洋总分神去干别的，在规定时间内卷子只写了一点点。

案例分析

番茄钟，是意大利人弗朗西斯科·西里洛发明的时间管理方法，它的作用在于提高工作和学习效率。

番茄钟的特点

番茄钟的主要内容有三点：第一，选择一个任务，在25分钟内专注地完成这项任务，然后休息5分钟。第二，每完成4个番茄钟时间后，休息30分钟。第三，一个任务完成后，划掉这个任务。

番茄钟之所以能提高效率，是因为番茄钟将25分钟的学习与5分钟的休息相结合，尊重工作时间，同时也尊重休息时间。这样的劳逸结合能保证大脑高效运转，一直保持活跃的状态。

番茄钟的意义

倒计时的方法会给人一种紧迫感，能有效提高专注力。当孩子看着时间一点一点变少，心里就会产生期待，就算想走神，也总会在心里提醒自己："马上就结束了，再坚持一会儿就好。"

更重要的是，每次完成一个番茄钟就会给孩子带来成就感，就像是"打怪"升级一样。孩子每"消灭"一个番茄钟，离自己的目标就会更近一步。

并且，番茄钟的应用，很容易让孩子进入"心流"的状态。"心流"是指，当人全神贯注地做某件事情时候，进入了忘我的境界，做事的效率会提高很多倍。番茄钟就是人为打造专注的条件，给"心流"创造环境。

但是，考虑到大部分孩子的专注力只能持续15分钟，也就是说如果课堂时间为45分钟，那么有30分钟孩子可能都在发呆或是自娱自乐。那么，对孩子来说，可以以15分钟为一个番茄钟周期。一般的番茄钟都可以自行设定时间。

给父母支招

利用番茄钟这个工具，既能让时间管理变得仪式化，又可以让每个任务量化，比较容易达成，从而使孩子的学习效率得以提高。具体怎么使用番茄钟，父母可以参考下面的方法。

第21招 番茄钟启动后，不可随意中断

在番茄钟开始使用前，先让孩子明确今天的学习任务，把它们写在列表里，然后按优先程度排序。在这些事情中，孩子需要选择最重要的一项作为首要任务，并启动15分钟的番茄钟。

在一个番茄时间内，孩子必须集中精力完成所选择的任务，在这15分钟内，不可以喝水、吃东西、东张西望，不能做与任务无关之事，否则时间作废。比如孩子想上厕所，就要把正在做的番茄钟取消，不能中断之后继续进行，否则会打乱原来的节奏。

如果在规定时间内提前完成，孩子可以重复学习一遍刚才的内容，直到计时结束为止。计时器响起时，即使任务没完成，孩子也要马上停下所做的事情。

第22招 休息时间不想和学习有关内容

每学习15分钟之后，要用3～5分钟进行充分休息。休息时间内孩子

应该避免高强度的脑力活动,也不要去想现在的学习进度,要把手中的学习任务完全放下。孩子可以去喝点水、拉伸一下、听些音乐或者眯一会儿,至少也要站起来四处转一转。等到休息时间结束,就可以继续下一个阶段。要记住,5分钟比想象的要快,因此父母要引导孩子不要做一些复杂或者很有吸引力的事情,否则休息结束时将难以快速切换回学习状态。

不要小看休息时间的作用,通过休息可以激发下个番茄钟学习的动力。

第23招 每4个番茄钟后要"大休"

每4个番茄钟结束后,孩子可以进行一次大休,时间大约为15~30分钟。大脑需要时间来将学过的知识进行巩固,形成体系。

休息的时候,孩子首先要离开学习区域,四处走一走,活动一下身体,让血液流通。不要把休息想得太过于复杂,只要能够恢复精力就可以。比如可以收拾书包或是整理课桌,还可以在网上找一些颈部或头部按摩等。

在完成所有番茄钟后,孩子要及时记录下使用的情况,包括番茄钟中断的次数以及发生的紧急事件等,以便于之后进行调整。

番茄工作法是一种极其有效的时间管理方法,它可以让孩子得到休息,从而提高效率。对孩子来说,小时间段的番茄钟让任务更具有可行性,精力也更容易集中。其实,拖延的根本原因就是有些任务是孩子不愿意去做的,但在番茄钟的实行阶段,我们可以把这类任务变为孩子自己主动选择去做的事情。

帮孩子获得学习的"心流"体验

 情景展现

　　贝贝最近在学笛子，但是这首曲子非常难，贝贝的爸爸给她支招，还给她鼓励，最终贝贝成功学会了这首曲子。

心流状态是指人们在从事某项活动时,将全部注意力和精力都投入进去,完全沉浸其中,以至忘记了时间的流逝和周围的环境。在这种状态下,人们感到高度的兴奋和充实,甚至有极大的满足感。

学习的过程是快乐的

欧美教育领域的学者经多年研究后得出结论:从学习的生理和心理过程看,人在学习新知识时,信息通过感觉通道进入大脑边缘系统,这些系统对信息的意义和价值做出初步评价,保留好的、有用的信息,删除那些不好的、没用的信息。如果孩子感到要接收的信息是有意义的、重要的,大脑就会被激活,能轻松愉快地学,效率就高。反之,如果孩子认为知识信息不重要、没有意义,就不愿学,大脑就不会释放活性物质,神经网络就不会被激活,知识信息就进不了神经网络,信息储存不牢,孩子就记不住知识点,这样孩子不仅学得苦、学得累,学习效果还差。

正向反馈让孩子感到快乐

著名教育家斯宾塞曾做过这样一个实验。斯宾塞带着两群孩子来到镇上的小河边,告诉第一群孩子:"我一发出口令,你们就跑到教堂那里去,那里正在举行婚礼,先跑到的可能会得到小糖果。"然后,他又对第二群孩子说:"你们要尽快跑到教堂那里,越快越好,谁落后我就会惩罚谁。"结果,第一群孩子大部分都跑到了教堂,而且到了以后大多数孩子都还很兴奋。而第二群孩子有的掉队了,有的干脆跑了一半就停下来了,停下来的孩子多了,大家也就不怕惩罚了。

从这个实验中,斯宾塞做出如下的总结:孩子的快乐大多都是无目的的,教育则是要引导孩子得到"有目的的快乐"。也就是说，孩子只有带着喜悦的期盼开始学习，才能让整个学习过程会变得津津有味，由此进入学习的心流状态。

那么，父母应该如何帮孩子获得学习的心流状态呢？

第24招 让学习像游戏一样有趣

如果学习能像游戏一样有趣，那么孩子自然也会主动学习，沉迷于学习。

《我陪女儿学英语》的作者林克妈妈在书中写道自己的女儿非常讨厌英语，尽管她给女儿报了多家英语培训班，尝试了很多办法，诸如奖励看电视、小贴画等，都见效甚微。后来林克妈妈发现"软"的不行又换"硬"的，拍桌子、罚站等没少用，然后"硬"的不行又换"软"的……面对妈妈的"软硬兼施"，林克对学英语永远"无动于衷"。

林克妈妈心急如焚却一筹莫展。有一天，林克妈妈在教她关于辅音字母"x"的发音时，灵机一动，问她："你知道哪个字母能让公牛（ox）消失吗？"

这个问题可把林克难住了，她想了半天没想到答案，就求妈妈告诉她答案，但妈妈却卖起关子，说："我给你提示一下吧，我给你说个顺口溜，答案就在里面。"

林克妈妈就念了一个顺口溜："一只 fox（狐狸），要躲 ox（公牛），藏到了 box（盒子）。"

林克反复念这一顺口溜，终于弄明白了是哪个字母能让 ox（公牛）消失,她兴奋地告诉妈妈说:"我知道答案了,是'f'和'b'。"

通过这个顺口溜,林克不仅记住了字母"x"的发音,还顺便记住了三个单词的拼写。重要的是,她的学习热情被激发出来了,追着妈妈问"还有吗? 太好玩了!"

游戏的乐趣对孩子具有无穷的吸引力。在游戏的形式下,孩子不再是为了学而学,而是在玩中学,主动性自然就被调动起来了。

第25招 丰富学习方式

孩子在常规的学习中,有很多内容是需要不断重复的,可是学习的重复性会让孩子失去学习的兴趣和动力。因此,家长可以跟孩子一起变换学习任务的形式。

以复习英语单词为例,复习单词,除了常规的抄写、听写、看图说单词外,父母还可以让孩子自己画一些单词的卡片,让孩子在制作卡片的过程中更加有效地巩固单词的含义和拼写;父母还可以和孩子进行看有限字母说单词比赛,其中一方抽取 2 个至 3 个字母卡片,看谁能用这几个字母组出最多的单词。此外,父母还可以引导孩子画一些思维导图、知识的逻辑结构图、知识对比表格等,这些方式都可以让孩子"巧学""乐学"。

游戏与学习,本质上是同一种活动——"思维的体操"和对未知的探索,它们结构上的差异让人们产生了截然不同的体验。循着这一规律,我们可以通过重构,把学习转换成游戏的模式,让孩子像玩游戏那样学习。

别让电视破坏孩子的"专注力"

东东看电视能时专注到目不转睛，但是东东写作业时就会表现得心不在焉，根本静不下心思考。

电视集声、光、影为一体,拥有不断变化的画面、丰富鲜艳的色彩、动听的声音……电视以其形象化的手段,吸引着孩子,给孩子的童年生活带来了欢乐,也增长了知识,让孩子从中学到了很多东西。但是,电视也正在破坏孩子的专注力。

电视是怎么破坏孩子的专注力的

耶鲁大学曾就孩子的专注力做了一项研究。研究发现,大脑中控制专注力的是 β 波,控制睡眠的是 α 波。而当孩子在看电视等电子产品时,大脑中的 α 波会非常活跃,同时,β 波就被大幅度地抑制,专注力就会受到下降。

一些父母不解,孩子明明可以专注地坐在电视机前,一坐就是好几个小时,为什么会破坏专注力呢? 这是因为孩子看电视时是一种被动式的灌输,而且孩子长时间盯着电视的画面,大脑就会长时间处于不思考的状态,而且眼睛还会干涩。

对孩子而言,相比看电视,看书无疑是枯燥的。有机会看动画片的孩子会优先选择看电视这种不费力气的形式,长此以往,他们就无法沉下心去看书思考,在学习上表现为专注力不足。

因此,耶鲁大学的辛格教授给父母的建议是:“在孩子没有养成好的专注力之前,最好不要让孩子看电视。”

奇幻小说《查理和巧克力工厂》里有句台词:“千万、千万、千万别让孩子,靠近你的电视,最好是别购买、安装,这最最愚蠢的东西”。英国教育专家马丁·洛森说:“如果你能让孩子在 12 岁之前不看电视,他们终生都将获益。”

育儿专家指出："过多地看电视，是导致孩子注意力不集中的原因之一。因为这些影视剧、动画片、广告等都是运用语言，画面灯光等多种手段吸引观众的，影视剧和动画片的内容多是跳跃式的片段式的内容。当孩子在学校面对枯燥的书本文字时，就很难集中注意力专注于学习。"

那么父母应该怎样做，让孩子远离电视的诱惑呢？

第26招 约定看电视的规则

有些父母看到孩子一直看电视，不睡觉也不写作业，就怒气冲天地把电视关掉，吼叫着让孩子去写作业或睡觉。结果造成孩子内心不满，说父母是"暴君"。此时父母正确做法应该是平静对孩子说："孩子，你该写作业了，如果写不完会挨批。你还想看多久的电视呢？"孩子如果说："我再看10分钟行吗？"父母可以先答应："行，说话算数，到时间就关电视。"这样双方各退一步。时间到了，孩子主动关电视，去睡觉或写作业。

另外，父母除了和孩子约定时间，还要约定其他看电视的规则。例如，每月固定给孩子发一些"电视券"，电视券用完就不能再看电视了。当然，孩子也可以通过完成学习任务和家务，赢得额外的电视券。只要父母给孩子讲明游戏规则，讲清道理，孩子会对这个游戏产生兴趣。同时，这也有助于孩子形成正确的时间观念和遵守规则意识。

第27招 ◀ 转移孩子的注意力

一般情况下,孩子都对新鲜事物充满了好奇,当他们长时间看电视时,父母可以给孩子找点有趣好玩的事情做,借此转移孩子的注意力,例如带孩子出去玩滑板、堆积木、玩拼图。只要找到孩子除电视之外感兴趣的活动,孩子会毫不犹豫地放下遥控器。

第28招 ◀ 给电视设置自动关机

父母可以设置电视在 1～2 个小时后自动关机。当孩子打开电视时,父母可以告诉孩子,1 个小时后,电视也要休息了,让孩子先接受这个事实。快到设定的时间时,父母可以提醒孩子:"要到规定时间了,如果你自己主动关电视,会有奖励哦。"这样孩子会认识到,不管怎样,电视最后都会被关掉,还不如自己主动关了呢。

一般情况下,孩子看电视的时间最好不要超过 2 个小时。在看电视之前,父母可以先和孩子商量,如果孩子今天看电视不到 2 个小时,就主动关电视的话,就可以满足他们一个小愿望,或者给他们买玩具;如果超过 2 小时,就要采取惩罚措施,例如,让孩子 2 天不能看电视,或者做一些家务,以示惩戒。

帮助孩子摆脱手机的诱惑

 情景展现

岚岚最近非常沉迷玩手机，妈妈叫他吃饭、睡觉，他都不动弹，气得妈妈直接没收了岚岚的手机。

案例分析

强大的专注力最大的特点就是,能帮助孩子很好地抵制外界的诱惑。对目前的孩子来说,手机算得上是最大的诱惑。

孩子过早接触并沉迷于手机的话,他的专注力就很容易被手机上的各种信息和娱乐内容所吸引。频繁的分心会导致孩子难以集中注意力,影响学习效果和学业成绩。

而孩子过早接触手机,和父母早期的教育方式有关。

别让手机成为哄娃神器

有父母在网上发帖问:"外出就餐,孩子闹腾得厉害,怎么办?"帖子下面大多数的回答是:那就给他一个手机,让孩子看喜欢的视频、玩个游戏,不出三秒,立马安静下来!

不难发现,现在无论是在家还是在外,手机成了无数父母的"哄娃神器"。为了让孩子听话乖乖完成某项任务,为了让孩子打发时间不干扰大人,越来越多的父母学会了用手机来哄孩子。孩子对此非常受用,甚至有的孩子已经表现出手机依赖了,不给手机不吃饭,不给手机不洗澡,不给手机不睡觉……

有的孩子年龄很小就已经把手机玩得很"溜"。开机、找到游戏、熟练地玩游戏;开机、下载和安装、卸装。看到孩子这样灵巧,有些父母会说:"都不知道他和谁学的,我都不知道要怎么玩!"语气里明显透露了对孩子的赞赏,甚至有的家长还为此感到骄傲,毕竟"我家孩子都不需要我陪,不需要我教,孩子太聪明!"用手机哄孩子,其实是父母在偷懒!

这样的做法不但助长了孩子对手机的依赖,还潜移默化地告诉孩子:爸爸妈妈因为要忙所以才给我手机玩,那下次他们再忙我就有理由要手机玩了。

给父母支招

心理学家表示，手机破坏的不仅仅是专注力，还会影响孩子的心理健康。如今孩子与他人沟通交流的机会本身就很缺乏，若再沉迷于网络游戏，就很容易产生自闭倾向，甚至会患上电子孤独症，导致产生心理障碍，影响与他人正常交往。

那么，父母应该怎样做，才能让孩子不沉迷网络，合理上网？

第29招 正确认识网络游戏

父母要正确认识网络游戏，意识到玩游戏并不是一无是处，不要在孩子面前表现出自己的抵触。可能的话，父母还可以陪孩子一起玩，这样既能把控游戏时间和质量，又能增进感情、放松心情。如果孩子不能遵守规则，父母就必须态度强硬，收回下一周的上网时间。

第30招 转移孩子的兴趣

孩子对于世界的好奇心是一直存在的，他们之所以沉迷网络，就是因为网络中有很多新奇的事物。父母不妨引导孩子培养一种他真正感兴趣的爱好，如阅读、绘画、乐器、发明创造等等，在空闲的时间里，孩子就会主动去做这件令他感兴趣的事情。

同时，父母要多带孩子外出，如郊游、参加音乐会，游览博物馆等，让孩子感受真实世界的精彩之处，这是孩子离开网络最健康的方式。

另外，父母也可以请孩子的朋友们充当监督员，在孩子偷偷上网的时候进行适当的提醒，甚至联合孩子的好友与其家长，共同参与到孩子戒除网络成瘾的"活动"中来。

第31招　用亲子活动代替电子产品

不想孩子依赖电子产品，那就多多增加亲子活动的时间吧。

最好的陪伴，是父母陪孩子一起阅读。晚上，是人的心灵最宁静的时候，父母上了一天班累了，孩子学习了一天也累了，一家人不妨找几本书，一起坐下来看，放松一下心情。

父母可以陪孩子享受书香的静谧美好，也可以陪孩子做游戏。比如，父母可以用胶带在家里粘出迷宫，和孩子一起爬出迷宫，也可以在地板上画"汽车轨道"开玩具汽车，再大点的孩子，还可以和父母一起玩"螃蟹运输""寻宝""盲人指路"等游戏。

父母和孩子一起玩游戏，享受美好的亲子时光，这份温暖和幸福将会永远留在孩子的记忆里，陪伴和治愈他的一生。

培养耐力，让孩子更专注

磊磊的好多同学都报了兴趣班，磊磊也让妈妈给他报了围棋兴趣班。但磊磊总是"三分钟"热度，换了好几个兴趣班，都没坚持下来。

案例分析

"妈妈,我想学唱歌!""爸爸,我要学钢琴!"相较于成年人,孩子来到这个世界的时间还不长,所以总是会对身边一些新鲜的事物感到好奇,想要去尝试、触摸、玩耍。

在这个感知的过程中,孩子会不停地变换着自己喜欢的东西,从而发现自己真正的兴趣所在。但这些表现在家长的眼里,却好像变成了做事"三分钟热度",做什么都不长久。

倘若孩子不能专注于一件事,就很难在一件事上做出成绩。

坚持还是放弃,父母的态度很重要

作为家长,只要孩子有某种兴趣,就应该鼓励他,欣赏他,孩子会在尝试中慢慢找到自己真正喜爱的东西。但家长需要注意的是,孩子爱上一个活动,很有可能是因为爱,但放弃一件事情,则不一定因为不喜欢,这和家长的态度有很大的关系。

因为3~6岁的孩子正处于自我意识慢慢建立起来的时期,他们依赖家长的同时也渴望独立自主,希望自己拥有做决定的权利。但如果家长态度强硬,效果往往适得其反。在兴趣班这件事情上亦是如此,父母不妨做孩子的朋友,多倾听孩子的声音,多给予孩子一些自主选择的权利。在孩子遇到挫折的时候,多给予鼓励并引导孩子坚持自己的兴趣。

当孩子想要学习钢琴、舞蹈,但又很快放弃时,家长不能只看表面现象,要透过表面现象看清本质,了解孩子想要放弃的原因,适当引导,增强孩子在一件事上的专注力。

学习和游戏一样，没有固定的空间和作息时间，将使孩子产生错误的观念，以为可以随性地做事、玩耍、拖延时间。因此，父母要给孩子提供培养耐心的环境，不让孩子在吃饭、做事、学习时漫不经心，随意而至，甚至随性离开，导致孩子没有耐心。那么，父母应该怎么培养孩子的耐心呢？

第32招 刻意让孩子等待

面对想得到的东西，盼盼总是迫不及待，比如想看动画片时马上就要打开电视、刚买回家的西瓜马上就要切开，或是听完一个故事意犹未尽时要妈妈马上再讲一个故事等等。每当这个时候，盼盼的妈妈都会告诉她，她可以得到，但需要等一会儿。在等待的这段时间里，盼盼的妈妈会为孩子唱个短小的歌曲或是和盼盼从一起从1数到20。这样盼盼就能了解"等待"只是一小段时间。

培养孩子耐心，就得尝试让孩子明白应该等待多长时间，然后不要理睬孩子对父母的打扰。然而，对于学龄前的孩子，父母不要一下就让他等5分钟，刚开始时可以先让孩子等1分钟，然后再增加到3分钟，接着逐步增加等待时长。

第33招 ◀ 多玩能锻炼耐性的游戏

　　父母可以多陪孩子玩一些锻炼耐性的游戏，比如串珠子、捡豆子等，有意识地训练孩子的耐性。父母还可以给孩子多玩一些益智类玩具，比如积木，孩子想要把一个个小木块堆积在一起组成不同的形状，只有静下心来慢慢地堆积才能完成，这个过程能够锻炼孩子的耐性。

　　此外，做手工也是培养孩子耐性的一种好方法，例如剪纸，就要沿着线小心地裁剪，这自然而然地就锻炼了孩子的耐性。通过这些锻炼耐力的游戏，孩子就能慢慢学会专注于一件事，对一件事有耐性。

第34招 ◀ 从小培养孩子一次只做一件事

　　所谓专注，简单地说，就是较长时间把注意力放在一件事上，专心致志地去做。专注的对象，是一件事，不是两件事，也不是好几件事。

　　但有些父母，为了培养孩子的全面素质，让孩子发展更多兴趣、学到更多东西、更有效地利用时间，往往从小就是让孩子一边干这，一边干那。最典型的做法就是学龄前的孩子玩玩具时，在旁边给他放音乐、放英语，美其名曰"磨耳朵"。

　　"磨耳朵"的理论依据，似乎是让孩子使用视觉时，听觉也别闲着，把"潜能"充分调动起来。但专注要求的是"全神贯注"，是全部的视觉、听觉注意力和心理活动的目标，都聚焦于一件事。让孩子边玩边听，并不能让孩子同时对听和玩这两件事都全神贯注，反而造成孩子听也没听进去，玩也被外界噪声干扰，两件事都不能专注地做好。

激发学习兴趣，
孩子喜欢才不会拖拉

对学习没有兴趣，就没有动力，没有动力当然就会各种拖拉。激发孩子的学习兴趣，关键是要让孩子觉得学习有趣、有用，对学习产生信心、成就感、价值感等，最终主动学习，爱上学习。

学习太被动？让孩子当"小老师"

情景展现

老师反映小柯最近上课时注意力不够集中，为了让小柯养成专注听讲的习惯，小柯的妈妈想了个办法：让小柯回家给父母当"小老师"。

　　孩子一放学，很多家长便会急切地问孩子今天在老师那里都学到了什么，生怕孩子学不好回家之后又要给孩子讲一遍。殊不知，这样会让孩子感觉自己被监督着，使孩子处于被动学习的状态。

　　大多数人都有好为人师的心理，孩子也不例外。父母不妨鼓励孩子回家当"小老师"，由孩子来给父母讲解在学校所学的东西。这不仅可以考验孩子的反应能力和对所学知识的理解能力，而且还可以培养孩子多方面的能力。

提高了孩子的自信心

　　每一个孩子都有闪光点，当孩子有了点滴的成绩时，父母都应给予一定的表扬鼓励，帮助孩子建立自信心，让孩子知道，无论做什么事情，他们都能完成，他们都是最棒的！这样一来，孩子在课堂上就不会怯懦，而是敢于举手并大胆发言，敢于表明自己的想法。即使孩子讲错了，他也知道要把问题弄清楚。当孩子和父母说起自己在学校的表现时，父母会发现孩子的进步很大，性格也更加开朗了。

培养了孩子的口语表达能力

　　无论是积极地回答问题还是回家给家长上课，都能够提高孩子的口语表达能力。刚开始，孩子回答问题时语言可能会不完整，经常说一半，忘一半，表达也不清楚。但是当了"小老师"，给家长讲课后，孩子有了多讲多说的机会，锻炼了语言能力，发展了口语表达能力。

提高了孩子学习的自主性

　　让孩子当"小老师"，大大提高了孩子学习的主动性。为了回家后能给爸爸妈妈讲得更好，孩子在课堂上听课会更积极，更认真。有没听懂的，孩子也会主动找老师问一问。

给父母支招

向孩子请教，让孩子当"小老师"，能在无形中给予孩子鼓励，让孩子的内心产生成就感和自豪感，变得更自信出色。在讲课过程中，孩子能够发现自己哪些方面掌握得比较扎实，哪些方面掌握得不太好，便于他们及时纠正和弥补不足，并总结经验。

那么，想让孩子当好"小老师"，父母应该怎么做呢？

第35招 请教要真诚

尹建莉老师曾讲过一个例子。女儿圆圆在小学学拼音时，为了让圆圆掌握得更牢固，她就对女儿说："妈妈小时候没好好学拼音，而且我的老家讲方言，老师教的拼音也不标准。你在学校学了拼音，能不能回来教教妈妈啊？"

她说得很诚恳，圆圆听了欣然答应："行。"此后，圆圆每天放下回家，都把自己学到的东西回家教给妈妈，妈妈也非常认真地听，认真地学。

如果父母的请教不够真诚，听起来像撒谎，孩子就会有欺骗的感觉，不乐意当父母的"小老师"。

第36招 ▶ 引导孩子"模仿"老师的样子

既然当老师，那就得有当老师的样子。

首先是教具。父母可以按照学校老师讲课时需要的工具为模板，给孩子准备一定的教具。如讲课用的黑板、粉笔、板擦、麦克风等。

其次是神态。父母可以鼓励孩子模仿老师讲课的声调、语气，甚至可以还原老师讲课时的情绪。

最后是讲课的内容。父母可以鼓励孩子回忆课堂内容，比如老师在课堂上是怎么讲这个知识点的，有没有提问，被问到的同学又是怎么回答的等等。

第37招 ▶ 学会正确提问

针对孩子讲不清楚的地方，父母为了让孩子学会思考，要学会正确地向孩子提出疑问。提问的问题不能太难，避免孩子因为无法回答而放弃讲解。父母一开始提的问题要尽量简单一点，孩子能轻松回答，就会建立成就感。从易到难，就算后面难度较高的问题孩子答不出来，也不会感到太沮丧。这时，父母可以和孩子一起思考答案。如果孩子在学校比较胆小，父母也可以请孩子带着问题去向老师请教，从中锻炼孩子的胆量。

另外，父母要注意"小课堂"的时间不要太长。因为讲课也是很累的，孩子讲课的时间太久，他们的兴趣就会削减，第二天可能就不愿意讲了。

让学习变得简单，孩子自然会有兴趣

情景展现

小晨总是记不住英语单词，他觉得英语单词太难背了，想要放弃。小晨的妈妈想了一个办法来帮助他。

很多父母在辅导孩子学习的过程中或多或少都遇到过这样的情况：孩子写作业，遇到一点困难就退缩，想放弃；孩子一点儿也不自信，经常把"我不会""这太难了"挂在嘴边，从不主动面对、思考和探索问题……这在心理学上称为"畏难情绪"。

畏难情绪

畏难情绪就是人恐惧困难的心理状态，其具体表现为，遇到困难或有挑战的事情，就采取退缩、逃避的态度，缺乏面对挑战的勇气和解决困难的信心，不会主动去解决问题，反而可能会在无意中夸大问题的难度。

畏难情绪源于对失败的恐惧和对自我能力的不信任，心理学家认为这是一种逃避机制。孩子存在畏难情绪是一种很正常的心理现象，但是如果畏难情绪变成了一种习惯，这对孩子的学习和生活都会造成负面影响。

好的学习方法让孩子爱上学习

孩子面对学习会产生畏难情绪，是因为没有掌握好的学习方法。有心理学家指出，有效的学习方法可以显著提高学习效率，使学习的人在固定时间内掌握更多知识。如果孩子掌握了适合自己的学习方法，他们就能够在最短的时间内完成学习任务，而且不会感到特别疲惫。这就像会使用工具的人，总能比只知道用蛮力的人能够更快更轻松地完成工作。

掌握好的学习方法，还能够帮助孩子提升自信心。当孩子发现，自己拥有通过难关、掌握知识的有效方法时，他们的自信心会极大地增强。这种自信会让孩子在之后的学习和生活中，有更多的勇气去面对困难。

对于孩子来说，掌握好的学习方法后，学习就变得简单了。

有时候，孩子并不是不愿意学习，而是因为没有掌握好的学习方法。好的方法是学习的利器，可以让孩子学习事半功倍。以下有一些让学习变得简单的方法。

第38招 联想记忆法，让背单词变简单

单词的含义一般都是定义某个物品、场景、事情等，父母可以在教孩子背单词时，引导孩子将单词和它所代表含义的事物联想起来。比如学习"apple"这个单词时，父母可以引导孩子联想到"苹果公司"的标识，或者是孩子喜欢的苹果口味的食物；在孩子学习"sunshine"这个单词时，父母可以引导孩子在脑海中想象，阳光洒落在树叶上，叶子闪闪发光的样子。背单词时构建一个生动的画面，会使孩子的记忆更加持久。

父母还可以帮助孩子根据词义将单词做好分类归纳，比如体育运动、身体器官、交通工具、专业学科等，这样在记忆起某个单词时，孩子会更容易联想到同类型的词汇。

第39招 使用辅助工具，简化写作过程

图像辅助工具与写作例句库，都是能够帮助孩子简化写作过程的有效工具。父母可以给孩子提供与写作主题相关的图片，鼓励孩子观察图片细节并将图片内容用语言或文字描述出来。比如，当作文的主题与动物相关，父

母就给孩子一张关于动物的图片，然后让孩子描述图中动物的活动情况和状态，以及给自己带来的感觉。这样能够帮助孩子组织行文思路。

父母还可以给孩子提供一些简单的句子结构，帮助孩子建立写作例句库。比如"我喜欢……因为……"鼓励孩子模仿例句进行写作。这样能够给孩子们提供写作框架，大大减少写作任务给他们带来的困难。

第40招　用画图解释抽象概念，让数学变简单

对于数学的抽象概念和术语，孩子理解起来可能比较困难。父母在辅导孩子学习的过程中，可以让孩子跟着概念的解释在纸上涂一涂，画一画，帮助孩子分析和理解抽象的概念，从而找到解决问题的方法。

比如，在解释对称与不对称、直角、锐角、钝角等概念时，父母可以画出图形给孩子看，使概念更具体、更直观地呈现在孩子面前，复杂的数学问题也就变简单了。

当学习变得有趣，孩子就会主动爱上学习

情景展现

　　小峰不喜欢学数学，他觉得数学太枯燥了。小峰妈妈决定带他去购物，让他体验数学的魅力，引导他爱上数学。

案例分析

　　有的孩子一学习就走神，却对玩游戏等其他事物有着强烈的兴趣。这不禁让家长感到担忧和苦恼，万一这些事情占据了孩子的学习时间，影响孩子的学习成绩怎么办？怎么样才能让孩子喜欢上学习呢？

让学习像游戏一样有趣

　　有科学家指出，人有三重大脑，它们分别是负责本能行为的"本能脑"、主管情绪的"情绪脑"和负责高级认知功能的"理智脑"。

　　从出现的时间上看，"理智脑"是最新进化的部分，它对于大脑的掌控力相对较弱，所以我们在生活中所做的大部分决策往往都源于本能和情绪，而不是理智。成年人尚且如此，孩子想要用理智控制、强迫自己去学习更是困难。

　　"本能脑"与"情绪脑"的有效激发，才是孩子学习动力的来源。在情绪与本能欲望驱动下的行为，往往是孩子难以抵抗的，就像闯关游戏那样，常常让人欲罢不能。如果将闯关游戏的内容变成做题，那么学习就不再是枯燥的任务，而是一种有趣的体验了。

　　每个孩子都有天生的好奇心和求知欲，当学习变得和游戏一样有趣而生动时，孩子就会自然地将注意力投入其中，并且更愿意主动去探索问题，进而解决问题。同时，孩子这种本能的倾向也会转化为对学习的热爱和持久的动力。

　　教育家认为："没有丝毫兴趣的强制性学习，将会扼杀学生探求真理的欲望。"让孩子把学习当作一件有趣而快乐的事情是很重要的，而最有效的方法就是将知识点融入游戏中，让孩子自我探索。这样一来，孩子在游戏的过程中就已经学到了知识。

好的教育是要启发孩子的学习兴趣，培养孩子的学习自觉性，寓教于乐。让学习变得有趣起来，是对孩子的学习兴趣最有力的保护和支持。

第41招 角色扮演学名著

如果让孩子单纯地阅读学习《三国演义》《红楼梦》等名著，这可能就变成了枯燥的任务。父母可以试着和孩子一起进行角色扮演活动，这不仅可以帮助孩子更好地理解名著中的人物形象和情节，还能激发孩子的想象力，提高孩子的学习参与感。

父母可以准备一些相关的故事漫画、电影或动画片，展示给孩子看，和孩子一起讨论和确定要扮演的角色。比如，父母可以和孩子说："今天我们穿越到三国时代怎么样，你想成为谁呀？"然后和孩子一起挑选一段感兴趣的故事情节来演绎。

如果有条件，父母还可以提前准备一些适合的服装等道具，便于孩子更好地融入角色，营造氛围。在扮演结束后，父母还可以给予孩子一些奖励或鼓励，这样更能激发孩子对名著的学习兴趣和热情。

第42招 用《大富翁》桌游做"数学训练场"

父母可以带着孩子一起玩《大富翁》游戏，在游戏过程中告诉孩子：

"今天你就是本场的银行家和地产大亨，要负责发钱、收租金，还得管理地产。"让孩子自主计算游戏中的资金收支，寻找地产卡片以及核对不同场合下每个玩家需要交易的数额等。让孩子在游戏过程中，能够熟练地运用数学加减法进行多种运算。

父母还可以和孩子一起用《大富翁》的游戏格式和规则设计一款"数学大富翁"，让孩子在设计和进行游戏的过程中梳理学过的数学知识点，将数学习题都融入游戏关卡中，游戏的具体内容可以设计为填空题、计算题、挑战题等。这样，数学的学习也能随着游戏而慢慢变得有趣和快乐。

第43招　用音乐唱出英语

父母可以选择一些朗朗上口的英文儿歌或流行歌曲，和孩子一起学唱。经典的英文儿歌重复性很强，便于记忆。孩子在边玩边唱中，就会不自觉地熟悉英语语言的句型和结构了。同时，歌曲中的韵律和节奏也能帮助孩子正确掌握英语的发音和语调。

平时，父母还可以和孩子进行一些英语歌曲接唱游戏，比如选择一首简单的英语歌曲，播放一小段后停下来，由父母和孩子轮流唱下去。这可以让孩子在游戏中练习英语的听力和口语，轻松的游戏氛围也会提升孩子对英语学习的兴趣。

发现乐趣，不喜欢的科目也能学好

情景展现

小浩喜欢学习数学，却不喜欢学习英语，考试时数学能考 100 分，但英语却只考了 70 分。

案例分析

孩子的数学成绩很好，但英语成绩很差，阅读能力很强，但动手能力却一塌糊涂……偏科这种现象，在孩子的学习过程中是普遍存在的。大多数孩子都有偏科的情况，只是程度有所不同。有的家长遇到孩子偏科的情况找不到原因，只能将原因归结于孩子不努力。实际上，孩子的偏科可能是多种原因导致的。

不喜欢任课老师

当孩子不喜欢任课老师时，他们也会对这一老师所教授的科目产生厌恶的情绪。受这种情绪的影响，老师的批评教育在孩子眼中可能就变成了针对，连老师表达的善意都可能被孩子理解成虚伪，导致孩子这一学科的成绩大幅度下降。

课堂内容较为乏味

小学阶段往往正是孩子好奇心最旺盛的时期，如果老师在授课的过程中只是一味地注重课程内容的逻辑性和完整度，而忽略了课程知识的趣味性和实用性，那么孩子很难对这门课程产生兴趣，甚至很难学好这个科目。

孩子的学习往往只按照感觉来，他们很愿意学感觉好玩的、喜欢的学科，不喜欢、没有意思的就不愿意学。孩子的自控力较差，还不知道如何去控制这种行为，时间久了，孩子喜欢与不喜欢的学科的成绩差距就会变得越来越大。

该科目不擅长

如果孩子在学习某一科目时感到吃力，那么这一科目的学习就会对孩子造成压力，让他们产生很多负面的想法和情绪，比如"我很笨""我就不是学这科的料"等等。

久而久之，孩子甚至会对不擅长的科目产生恐惧心理，促使他们想要逃避该科目。结果越是逃避越是学不会，孩子也就越焦虑，最终陷入恶性循环。

给父母支招

偏科的孩子，他的总成绩也会受到极大的影响。父母在了解孩子偏科的原因之后，不要急着批评指责孩子。要想改善孩子偏科的情况，父母应该想办法让孩子从心理上主动消除对弱势学科的排斥感和抵触感。

第44招 与孩子和老师进行沟通

在发现孩子有偏科的现象后，父母要及时与孩子和任课老师进行沟通，了解孩子的想法和偏科的原因，老师可能也会给父母提供一些纠正孩子偏科的方法和建议。

父母可以鼓励孩子多与老师互动，比如举手提问或者适当地向老师提出自己的想法。父母还可以委婉地将这种想法传达给老师，希望老师能够在课堂上多提问孩子，给予孩子更多机会。与老师的互动变多后，孩子会感到自己是被重视的，对这一科目的学习兴趣也会增加。

第45招 辅导题目从简单的入手

对于孩子不擅长的科目，父母尽量不要一开始就给孩子选择太难的习题。因为在孩子基础差的情况下，做难题会更加打击他们的自信心，对于成绩的提高也没有太大帮助。

父母可以在辅导孩子的过程中降低学习的起点和难度，比如从一道题目的解法、一个知识点的落实、一个问题的理解等开始进行有针对性的辅导，在确保孩子已经完全掌握基础概念和习题解法的情况下，再适当地提高题目的难度。

第46招 用时间表格记录薄弱学科的学习情况

孩子往往会按照自己的喜好去安排每一科的学习时间，不喜欢的学科通常分配的时间就比较短。可是正因为薄弱学科比较弱，所以才更需要孩子多花点时间去学习，使各科之间的成绩差距变小。"厚此薄彼"的学习时间安排不利于孩子各科学习的均衡发展。

父母可以帮助孩子做一个学习时间表格，用来约束和记录孩子薄弱学科的学习情况。比如，父母可以规定孩子每天至少分配一小时的学习时间给薄弱学科，孩子可以将这一小时分成几个时段，一段时间内只做几道题目或者只学习一小节内容。在把握好这一小时的基础上，孩子可以自由决定其余时间学习的科目。

表格内是孩子每次完成学习后记录下的时间，如果孩子完全做到了，父母可以适当地给予一些奖励，比如允许孩子看一集动画片。如果孩子没有做到，父母也可以适当给予一些惩罚，比如取消明天看电视。慢慢地，孩子会将这种学习方式变成一种习惯，也不会再抵触这门学科了。

找到成就感，让孩子爱上学习

小萌英语考了 98 分，她兴致勃勃地拿着卷子给爸爸妈妈看，希望得到他们的夸奖。

　　有的父母在孩子考出好成绩向自己表达喜悦时，总会给孩子泼上一盆冷水，"这么简单的计算题你怎么会做错呢，不然就可以考满分了""不要骄傲，你们班得你这分数的人可不少"孩子总是达不到父母的期望，无法从父母那里获得正向反馈，他们的成就感就会被破坏，从而逐渐变得焦虑，甚至会厌恶学习。

成就感源自正向反馈

　　每个孩子的内心深处，其实都是渴望被认同、被理解的，尤其是来自父母的认同。当孩子完成一项学习任务或取得某些成绩的时候，如果父母能够及时给予正向的反馈，比如赞扬或奖励，那么孩子的内心就会充满满足感和成就感。

　　这种满足感和成就感，能够让孩子相信"这么做是有回报的"，促使他们能够坚持重复做这件事。直到在多次重复后，孩子的大脑就会形成惯性思维，他们也就在不知不觉中养成了相应的习惯。

　　所以，父母给予孩子的奖励和肯定，可以有效提升孩子的成就感，让孩子喜欢上学习。

　　成就感除了可以来自外部环境的认可和奖励外，还可以来自自身的内在体验和成就感受。孩子找到内在成就感的关键在于树立"只要努力，我就能做到"的信念。

　　孩子对于自己所完成的任务有自己的感知和认知，他们会对自己的能力进行评估，从而完成自我判定。所以，父母对孩子的鼓励和肯定要真诚。在孩子面对学习上的挫折时，父母要和孩子一起客观地分析出现挫折的原因，并和孩子强调"努力可以收获结果"，从而帮助孩子树立自信心。

第47招 ◀ 关注并记录孩子微小的进步

父母要仔细观察孩子的变化，关注到孩子一点一滴的小进步而不是完美地完成某件事情。比如，父母发现孩子弱势科目的考试排名前进了三名，就要及时对孩子的进步进行鼓励和肯定。如果孩子微小的进步不容易被察觉，父母可以将孩子的行为在纸上清晰地记录下来，时常翻看和对比，就能发现孩子的变化与进步了。

父母在对孩子进行鼓励和肯定时，要清楚地指出孩子的进步之处，有理有据的夸奖才能真正起到作用。如果无论孩子表现如何，父母都只是随口式的夸奖，如"你真厉害""你很聪明"等，只会让孩子觉得自己是在被父母敷衍。

如果孩子的考试成绩取得了进步，父母可以说："真厉害呀，前几天看到你在复习，我就知道你这次会正常发挥！"这是在告诉孩子，他的努力是被看见的。

第48招 ◀ 把大目标分解成小目标

父母可以帮助孩子将大目标细化成小目标。如果孩子的大目标是在期末考试中取得进步，那么在学习过程中，孩子可以将学科知识按照不同的模块划分成多个小目标，比如数学可以分为代数、几何等，语文可以分为阅读理解、写作等。

每个小目标只专注于一个知识模块的提升，并设定具体的量化指标，比如在一周内背诵 20 个英语单词、每天做 5 道数学应用题等等。

大目标被分解为难度较低的小目标后，孩子更容易完成学习任务，获得回馈的周期也就缩短了。每当孩子完成一个小目标后，父母要及时给予积极的反馈，让孩子持续地获得成就感和满足感。每完成一个目标，孩子的成就感就会增加一点，建立定期小目标，孩子的成就感就会自然而然地增加。

第49招　让孩子给父母"教学"

父母可以在孩子上学之前，提前给孩子布置一些问题，让孩子在放学后将答案告诉父母，从而引导孩子上课认真听讲。

也可以让孩子给父母"教学"，把每天的学习内容讲给父母听，比如让孩子讲述语文课文的寓意、讲解拼音的应用等。通常孩子在"教学"的过程中，会很有成就感，这可以极大地提升孩子的学习兴趣。

然后想办法克服遇到的困难，并给自己积极的暗示，最后得到成功的结果。成功的次数越多，孩子增加的信心就越多。

美国著名心理学家阿尔伯特·班杜拉曾说："没有什么比成功更能增加满足的感觉，也没有什么比成功更能鼓起进一步的动力。"

一次次的成功，才能让孩子获得胜任感，认识到自己的力量和潜能，提高战胜困难挫折的自信心，从而变得更加积极自律。那么，父母该如何帮助孩子获得胜任感呢？

第50招 通过发挥强项体验胜任感

父母可以挖掘孩子身上的优点和强项，针对孩子身上的优点，创造机会，让孩子通过自己的强项来获得成功。

关键是，父母一定要调整心态，不要唯分数论。无论孩子是手工做得漂亮，烤的点心好吃，还是会讲故事，喜欢朗诵，又或者是唱歌好听，古筝弹得好，父母都要给孩子争取展示特长的机会。

那么，如何发现孩子擅长的领域呢？父母可在平时多注意观察细节。美国耶鲁大学的罗伯特·斯滕伯格博士曾制作了一张潜能自查表，其中包括"他在背诵诗歌和有韵律的句子时很出色""他很注意你情绪在苦闷或者高兴时的变化""他随音乐做的动作很优美"……我们可以对照这张表，看看自己的孩子有哪些潜能。

划分成多个小目标，比如数学可以分为代数、几何等，语文可以分为阅读理解、写作等。

每个小目标只专注于一个知识模块的提升，并设定具体的量化指标，比如在一周内背诵20个英语单词、每天做5道数学应用题等等。

大目标被分解为难度较低的小目标后，孩子更容易完成学习任务，获得回馈的周期也就缩短了。每当孩子完成一个小目标后，父母要及时给予积极的反馈，让孩子持续地获得成就感和满足感。每完成一个目标，孩子的成就感就会增加一点，建立定期小目标，孩子的成就感就会自然而然地增加。

第49招　让孩子给父母"教学"

父母可以在孩子上学之前，提前给孩子布置一些问题，让孩子在放学后将答案告诉父母，从而引导孩子上课认真听讲。

也可以让孩子给父母"教学"，把每天的学习内容讲给父母听，比如让孩子讲述语文课文的寓意、讲解拼音的应用等。通常孩子在"教学"的过程中，会很有成就感，这可以极大地提升孩子的学习兴趣。

创造胜任感，激发孩子主动学习的热情

 情景展现

　　不仅仅是学习，然然做什么都不积极。这是因为然然的妈妈总是不放心他做任何事，怕他做不好，慢慢地，然然也就懒得做了。

案例分析

胜任感，又叫自我价值感，是指人们在各种活动中，通过展现成功的行为，来获得一种积极的、具有自我价值感的体验。对孩子来说，胜任感就是孩子感到"我可以""我做得到"的自信。

"胜利者效应"

心理专家提出"胜利者效应"。相关小鼠实验显示，小鼠在挑战比较强的对手之前，如果先打败几个比较弱的对手，它之后的胜算就会大很多。其中，起作用的是小鼠大脑皮层中的某一个神经环路，在小鼠获得胜利之后，这个神经环路的突触程度会加强，影响小鼠后面的表现。

据此，人们提出"成功才是成功之母"的观点。比如，孩子打羽毛球时，如果能连续接住好几个球，就会给他们建立起很大的信心，之后的接球、发球也会更果敢、更敏捷，孩子会下意识认为今天自己的状态很好，或者自己很擅长打羽毛球。相反，如果孩子次次接球失败，他就会情绪低落、感到沮丧，甚至赌气不打了。

因为受打击而消极

孩子厌学、摆烂，其实并不是孩子不愿意学好，而是因为他们缺乏成功的体验。比如，孩子有几节数学课没听懂，就发现自己跟不上了，再接着还发现自己写作业时很多题解不出来了，内心就开始焦虑恐惧。最后，孩子变得一看到数学就烦，又不知道该如何解决问题，改变现状，就只能逃避学习，越来越不愿意学。接连的打击，会耗光孩子内在的能量，他们的积极性被磨灭，陷入消极倦怠。

而成功的经历，会增加对孩子做这件事的信心，孩子会认为"我能做好"，然后想办法克服遇到的困难，并给自己积极的暗示，最后得到成功的结果。成功的次数越多，孩子增加的信心就越多。

美国著名心理学家阿尔伯特·班杜拉曾说："没有什么比成功更能增加满足的感觉，也没有什么比成功更能鼓起进一步的动力。"

一次次的成功，才能让孩子获得胜任感，认识到自己的力量和潜能，提高战胜困难挫折的自信心，从而变得更加积极自律。那么，父母该如何帮助孩子获得胜任感呢？

第50招 通过发挥强项体验胜任感

父母可以挖掘孩子身上的优点和强项，针对孩子身上的优点，创造机会，让孩子通过自己的强项来获得成功。

关键是，父母一定要调整心态，不要唯分数论。无论孩子是手工做得漂亮，烤的点心好吃，还是会讲故事，喜欢朗诵，又或者是唱歌好听，古筝弹得好，父母都要给孩子争取展示特长的机会。

那么，如何发现孩子擅长的领域呢？父母可在平时多注意观察细节。美国耶鲁大学的罗伯特·斯滕伯格博士曾制作了一张潜能自查表，其中包括"他在背诵诗歌和有韵律的句子时很出色""他很注意你情绪在苦闷或者高兴时的变化""他随音乐做的动作很优美"……我们可以对照这张表，看看自己的孩子有哪些潜能。

第51招 从简单的任务中获取胜任感

对于缺乏成功体验的孩子，父母不妨降低期望值，从简单容易的目标开始，让孩子浅尝成功的滋味，再慢慢增加难度。

比如，孩子可以从难度比较小的少量题目开始，几道计算、几个简单的单词、几段简短的英语对话，几首短小的古诗等等，完成任务后父母就给孩子鼓励，让孩子从完成中获得自信。如果孩子完成得不好，父母可以找到孩子的进步点给予鼓励。孩子完成简单的任务后，父母再慢慢增加任务的难度。要注意不要一下子增加太多难度，以免影响孩子的胜任感。

第52招 建立"以努力为坐标"的胜任感

父母应该帮助孩子建立"以努力为坐标"的胜任感，让孩子明白通过努力使自己的能力得到提高，就会产生胜任感。

我们可以把孩子通过努力解决问题的经历记下来。每当孩子没有动力，怀疑自己的时候，我们就可以把干巴巴的鼓励话语，换成重现孩子成功的经历。比如孩子遇到问题解决不了，想放弃时，父母可以告诉孩子他曾经是怎么克服困难的，告诉孩子他这次也一定能做到。当孩子消极对待学习任务时，父母也可以告诉孩子曾经坚持下来的他很厉害。

多多夸奖孩子的努力，而不是能力，孩子就会得到更多的胜任感。

给予自主权，让孩子
被动变主动的秘诀

如果凡事都由父母代劳和做主，孩子的主动性就会被消耗殆尽，做事需要三催四请就不足为奇了。孩子比我们想象得更能干，更优秀，父母适度放权，让他自己做主，他才有做事的积极性和热情。

减少干涉，让孩子把学习当成自己的事

一年级的舟舟，常常因贪玩而忘记写作业。一开始，妈妈时常提醒他，但很快他就沉浸在游戏中了。于是，妈妈决定放手，培养舟舟自己写作业的意识。

案例分析

很多孩子写作业时父母必须看着,否则就写得很慢;学习成绩,父母盯得紧了就提升,盯得不紧就下降……孩子的学习仿佛成了父母的事情,父母需要付出不少的精力才能帮助孩子完成功课。

写作业是孩子自己的事

在孩子写作业这件事上,父母首先要明确自己和孩子的界限。判断的标准很简单,就是看这件事的后果由谁承担,谁来承担就是谁的事。显然,写作业是孩子自己的事。可是,父母不断地催促孩子写作业,变得比孩子还着急,好像写作业成了家长的事。像这样把本该由孩子负责的事情揽到自己身上,其实是一种界限不清的表现。很多教育问题都起源于界限不清。

一位妈妈在网络问答平台知乎上分享自己的经验时说道,"每次我忍不住想催孩子的时候,就会提醒自己,这些催孩子做的事情,是我的事还是孩子的事?如果是孩子的事,他不着急,我为什么要比他还着急?这么一想,我的心态就缓和很多,不那么急躁了。"

有的父母可能会说"如果不去催促孩子,那他会不会把事情搞得一团糟?"可能会,但并不会一直都是。因为谁都讨厌麻烦和问题,因为拖延而出了问题,孩子自己也会反思和想办法,然后根据自己的节奏去完成这些事情。

但如果按照父母的节奏匆匆忙忙地做每件事,孩子总是搞不清楚哪些事情是自己应该做的,应该怎样去准时完成任务。一旦出现问题,孩子也不会意识到是自己的责任,而是去怨恨父母。

给父母支招

怎样引导孩子主动学习是不少父母的难题，有的父母采取"利诱"孩子，有的直接以暴力威胁孩子，但是效果都不够好。那么，如何才能让孩子把学习当成自己的事呢？

第53招 和孩子一起制定写作业的规矩

父母可以和孩子一起制定写作业的规矩，而不是仅仅由孩子自己说了算。比如，父母可以让孩子说说自己想要在什么时间完成家庭作业，是放学回家后马上写，还是晚饭后再写。有开始写作业的时间，也要确定一个确切的完成时间，即孩子在几点之前必须写完作业。这么做是为了防止孩子磨磨蹭蹭，到睡觉时间作业还没写完。

为了让孩子有完成作业的动力，父母可以让孩子在做完作业后做自己想做的事情，例如玩10分钟手机游戏，睡前看20分钟课外书，拼会积木等等。但是父母也要注意，一定要有时间限制，千万不能对孩子说"做完作业就可以随便玩游戏"，这样孩子可能会敷衍地完成作业，草草了事。

第54招 鼓励孩子自己设立学习目标

让孩子自己制定学习目标的好处是，孩子会更有参与感，而且当完成任务时，他们会更有成就感。

目标的制定可分三种：一是短期目标，比如认真完成作业、不磨蹭、作业正确率高等等；二是中期目标，比如期中考试成绩、一个月内做作业的认真度；三是长期目标，比如学期末的进步、成绩等等。

哪怕孩子制定的学习目标在父母看来没有足够的挑战意义，也没有关系。比如，孩子说自己的考试成绩排名要前进两名，父母要给予支持。父母的支持不能只是口头上的，还要付出时间和实际行动去支持，比如帮孩子复习错题，默写生字单词，做一些巩固练习等等。一旦目标超出预期地实现了，孩子就会获得极大的成就感。

第55招 允许孩子"磨蹭"一会儿

有的时候，面对困难或者不愿意去做的事情，孩子看上去是在磨蹭，实际是在做一个缓冲，积蓄内心的力量去面对。

有的孩子在遇到难题时会玩一会儿手头的小玩意儿，缓一缓再接着做。在大人眼里，这就是在磨蹭。其实不然。这时，父母需要耐心等一等，别急着催促，打乱孩子的节奏。如果孩子玩的时间过长，家长再稍微提醒一下即可。

换位思考一下，大人遇到难题的时候，也会先放松一下，重整旗鼓再来面对吗？孩子也是一样。

尊重孩子的兴趣选择，越喜欢越主动

每到周末，安安一刻也不闲着，爸爸妈妈为她安排了 4 个课外班，数学、书法、电子琴和舞蹈。但是，在报名前父母却没有征求安安的意见。

案例分析

生活中，有些父母比较专制，孩子学什么乐器、上哪个兴趣班都由父母说了算，从不尊重孩子自己的选择。孩子在这样的控制下，不得不选择服从。也正因为孩子是被迫接受，所以他们往往通过拖延时间来反抗。如果培养孩子兴趣的目的，是为他们提供愉悦身心、放松和释放压力的途径，那么父母就要充分尊重孩子的爱好，而不是站在考级、考学的角度去逼迫孩子学习。

怎料引导女儿学钢琴

邻居的女儿5岁就开始学习弹钢琴，开始她挺喜欢练琴的，可是弹着弹着就变味儿了。因为每个星期都要上课，每次上课都要连续坐一个小时不能动，一级一级的考试，使得她对钢琴越来越没兴趣，甚至要放弃学钢琴。

但是，妻子不愿意放弃，感觉中途放弃太可惜了。邻居问妻子："如果女儿在10岁的时候就过了钢琴10级，请问她10岁以后还学不学弹钢琴？如果她10岁以后不学，那她之前学钢琴有什么用？如果你的目的不是把她培养成一个钢琴家，那么为什么女儿一定要考10级？何况，你让她这么学，她失去兴趣了，以后都不想弹琴了，学钢琴又有什么意义呢？"

同时，邻居对女儿说："爸爸这辈子很后悔的事情就是不会演奏乐器，演奏乐器可以排解郁闷。我们支持你学习钢琴的初衷并不是为了让你考级，而是为了帮你寻找抒发心情的渠道。爸爸不强迫你学，更不强迫你考级，你也可以决定还要不要继续学……"

经过思索，邻居的女儿决定继续每个礼拜上一次钢琴课，学钢琴的兴趣反而浓了。有时，写作业累了，她还会弹上一曲。

只有尊重孩子，以正确的方式引导孩子，才能帮孩子养成主动的习惯。

给父母支招

　　鲁迅在《我们现在怎样做父亲》中写道："孩子的世界，与成人截然不同，倘不先行理解，一味蛮做，便大碍于孩子的发达。"其中，父母"先行理解"的，应是孩子的性情、爱好和特长。只有充分了解之后，才有可能找准孩子成长的天赋之道，并从中发掘他的潜力。

　　把自己的意愿强加给孩子，只会破坏孩子的创造力，让孩子变成一个循规蹈矩、毫无主见的人。那么，父母应该如何尊重孩子的兴趣呢？

第56招　了解原因，消除抵触

　　孩子要放弃时，父母不必急着斥责孩子，不妨先和孩子聊聊为什么想要放弃，是对这个科目不感兴趣？还是被老师批评了？又或者是不喜欢老师上课的方式？只有了解了真正的原因，才能给出正确的回应。

　　接着，父母可以帮孩子分析产生抵触情绪的原因，对孩子遇到的挫折和困难表示理解，并给予孩子情感上的支持和安慰，帮助孩子克服困难并继续前进。

第57招　给孩子一定的选择权

　　给孩子一定的选择权力，让他们选择自己喜欢的事，当孩子的主动性被调动起来的时候，他就会对所做的事充满兴趣。

此外，在培养孩子的兴趣时，父母切记不可盲目跟风。很多父母看到时下流行什么就让孩子学习什么，孩子就只能在父母的安排下一次又一次地被动接受，孩子的兴趣爱好得不到满足，对孩子的成长是非常不利的。

第58招 允许放弃，反悔有额度

任何学习都会经历一个枯燥甚至痛苦的过程，尤其是一些基本功的练习，比如舞蹈的压腿，球类的基本动作，琴类的指法练习等，孩子对此产生抵触情绪也是正常的。父母可以根据实际情况设定允许孩子反悔的"额度"，建议一次或者两次，不建议超过三次。

父母要和孩子提前约定好，当孩子和父母反复确定，决定放弃学习时，就等于用掉了一个反悔的名额。如果名额用完，孩子就必须坚持学下去。

另外，有两种补习班要允许孩子放弃，一是"补短"的兴趣班，二是孩子明确不喜欢的兴趣班。比如，很多父母在给孩子报班的时候是这样想的："我的闺女太内向了，所以要给她报这个口才班锻炼锻炼表达能力。""我家孩子五音不全，给他报个钢琴班，提高一下音乐素养。"实际上这是对兴趣班最大的误解，孩子不仅在这个过程中体会不到成就感，反而还会遭受打击，失去自信。

信任式放手，培养孩子独立自主的能力

小寒蹲在地上系鞋带，因为不熟练，鞋带总是散开，小寒的妈妈在旁边等得不耐烦了。

父母常常因为担心孩子做不好,或者没有能力做,而拒绝给孩子独立做事的机会。比如,孩子四五岁的时候,父母因担心孩子吃饭撒得到处都是,或者孩子自己吃不饱,就坚持给孩子喂饭。又比如,孩子七八岁了,父母嫌弃孩子的动作慢,就帮孩子穿衣服、系鞋带。再比如,孩子上初中了,父母觉得孩子坐公交车上学不安全,就一直坚持接送。

孩子比父母想象的能干

事实上,处于自我意识发育阶段的孩子,他们的能力已经远远超出父母认知。美国儿童教育家伊丽莎白·潘特丽根据不同年龄段孩子的特点,设计了一份《儿童学做家务年龄表》。表中提到,孩子从两岁左右开始,就可以独立做一些家务了,比如晾衣服、整理玩具、浇花等等,孩子三岁左右就会给宠物喂食、帮父母铺床、饭后把碗放到厨房,孩子七岁以后,就可以简单地完成做饭、拖地、用洗衣机洗衣服等家务。

信任,给孩子更多学习的机会

很多时候,一个孩子能成长到什么程度,往往取决于父母相信他到什么程度。当"我能行"成为一种信念,并随着时间悄然沉淀在孩子心底的时候,他们就会真正成长起来了。也许孩子会短暂地陷入僵局,需要父母利用自己的经验来为孩子提供一些辅助。但父母一定要给孩子自己尝试的机会,同时注意不要贸然插手孩子的事情,这会在无形间让孩子损失很多实践和成长的机会。

想要孩子学会自己做决定,父母就要懂得在养育孩子的过程中逐渐放权。孩子上了小学,父母要适当给孩子做决定的机会。到了初高中,父母的授权要随着孩子的年龄增长而逐渐增多。等到了大学,孩子就能完全独立,为自己做主了。

英国哲学家、教育家赫伯特·斯宾塞曾说："孩子，我不能牵着你的手，把你送到这里带到那里，这条路你必须自己走去。我唯一能向你承诺的，只有坚定不移的支持。即使我会给你一些指引，告诉你我的经验，但那代替不了什么，你必须自己做决定，并承担所有责任。"

那么，父母需要在哪些方面，以及如何给孩子放权呢？

第59招 帮忙帮一半

让孩子自己来，并不是父母把所有的事情都甩给孩子，这样孩子面对自己从来没有做过的事情也会一脸茫然。我们可以尝试帮孩子做一半，另一半则由孩子独立完成。

比如，孩子的鞋脏了，父母就手把手教孩子擦亮一只鞋，另一只鞋交给孩子动手擦干净；整理书包时，父母只帮忙整理一个学科的资料袋，其他科目的资料让孩子自己整理。因为有了父母的示范，并且有了参考标准，孩子就比较容易把另一半事情做好。

第60招 让孩子决定和自己有关的"小事"

和孩子有关的"小事"可交给孩子自己安排，如过生日请哪些小朋友、今天穿哪件外套、带超人玩具还是小熊玩具去幼儿园、吃鸡腿还是鸡翅、自己的玩偶要不要送给来家里做客的小朋友、出去玩要不要带滑板车等。同时，面对"大事"，父母可以给孩子提供参与的机会，比如，父母可以和孩子一起筹划房间的设计方案，鼓励孩子提出自己的建议，如果可行，父母应尽量采纳孩子的建议，让孩子感受到被重视。

第61招 为孩子提供更多选择

为了孩子的身心健康，父母不能一味地否定孩子的行为，可以试着为孩子提供更多选择，让孩子在一定的范围内行使自己的决策权。比如，当我们叫孩子吃饭时，不要只是吼一句"快点过来吃饭"，而是试着问孩子"今天你想吃水煮蛋，还是煎蛋"；当我们希望孩子不看电视时，不要只是吼一句"不准再看电视了，快点儿去睡觉"，而是给孩子提供选择"你是想要5分钟后去睡觉，还是10分钟后去睡觉"。

和孩子一起制订计划，有参与感才有主动性

情景展现

　　放假了，妈妈给小昊制订了详细的计划表，包括写作业的时间，看电视的时间，甚至连午休时间都写得明明白白。但小昊却很不乐意按计划执行。

案例分析

之所以会有这样的"无效计划",很大原因是孩子没有参与。父母单方面给孩子制订计划的时候,很少会考虑到孩子真实的感受。即使父母认为这样的计划十分合理,但孩子也会感觉被强迫,被控制,从而不愿意去认真执行。教育专家表示,家长在制订计划时应征求孩子的意见,让孩子参与进来。

什么是参与感

参与感,就是让人们以主人的姿态,参与到活动中来,把"你的"变成"我们的",这样一来,人们的主动性和积极性就会被充分调动起来。

举个例子,当我们画了一幅画,请孩子就这幅画提提意见,在这个过程中,孩子就有了参与感;如果我们在画里留出了一点空白,让孩子帮忙补充内容,此时孩子的参与感就增强了;如果我们在画画之前,就跟孩子讨论画的结构,绘画时需要注意什么细节,以及画中的颜色要怎么铺排,那么孩子的参与感就会贯穿整个创作过程。

有参与感才有主动性

有参与感才有主动性,这就像一个总是违反纪律调皮捣蛋的孩子,老师却让他当了纪律班长,这样一来,这个孩子的责任感就会被激发出来,不好意思再带头捣乱。制定规则也一样,如果让孩子参与进来,让他自己做主,更能激发他的主人翁意识,对执行就不会那么排斥。

参与感,让孩子感觉被尊重

有参与感,孩子才能感受到被尊重。父母可以和孩子一起商量规则的内容,让孩子感受到自己的独特性和重要性。比如,关于放学后的时间安排,父母可以与孩子共同探讨一下具体的内容，如写作业、练琴等活动需要的时间，每天看电视的时间，以及睡前的安排等等。

如果父母想让孩子参与计划的制订，就要认真对待孩子的意见，只要孩子提出的安排相对合理，哪怕和父母的预期有点偏差，父母也应表示支持。

那么，父母应该如何让孩子参与计划的制订呢？

第62招 先把孩子想做的事写出来

我们可以先让孩子把想做的事列出来，再由父母把孩子需要完成的、重要的事补充进去。这样孩子可以感觉到自己是计划的主体，爸爸妈妈才是补充角色。

当父母把制订计划的任务交给孩子，孩子多半会主动给自己安排一些学习任务。如果孩子没有安排，父母也可以在旁边稍加引导，比如"娱乐安排好了，学习方面你准备怎么安排呢？"或者"这次期末考试，阅读题是弱点，你有没有计划安排补一下？"

最后，如果父母觉得孩子的计划还不够完善，也可以和孩子商量补充完善。总之，我们要让孩子感觉到"这个计划是自己制订的"。

第63招　让孩子决定休息的方式

计划表上少不了的一定是休息时间,合理的休息时间会让整个计划执行起来更高效。什么时候休息,休息时间做什么,都可以交给孩子来定。

有时候,父母会觉得孩子的娱乐方式没有营养,忍不住干涉。殊不知,这可能会打击孩子执行计划的积极性。只要孩子的娱乐方式不过分,不论是看一会儿动画片,打一会儿游戏,还是坐在那发呆,孩子喜欢什么就做什么,计划中的休息时间也是孩子完成计划的动力之一。

第64招　计划要有灵活性

计划不是绝对不变的,应根据实际情况和执行计划中遇到的问题灵活变动。例如,某天孩子因参加运动会觉得身体非常疲倦,那就应该及时改变计划,早早休息。如果单纯为了执行计划,父母硬是要孩子一边打盹儿一边坚持在规定的时间里学习,或是不解完十道题目就不睡觉,那就无异于削足适履了。

学习计划既要有灵活性,又必须以基本不变为原则,这样才有利于孩子养成良好的习惯。倘若把什么情况都看成例外,随便变更计划,孩子就难以养成好习惯。所以,在一开始制订计划时就要考虑留有余地,计划一旦制定好,就尽可能不要变动。坚持这一原则十分重要。

孩子有热情的是自己的目标，而不是父母的

情景展现

维维的语文和数学成绩非常好，唯独英语成绩差。妈妈决定让他这学期背五百个单词，期末考到班级前三名。而维维对实现这个目标，一点信心都没有。

案例分析

看到孩子学习成绩不好，很多父母就会尝试通过各种办法提高孩子的成绩。其中，大部分父母都会给孩子制定一个学习目标，比如这个学期期末考试考第一名等。但是，这样主观地给孩子制定学习目标，既不尊重孩子，也难以激发孩子学习的自觉性和主动性。不管是大目标，还是小目标，这些最终都是孩子自己的事情。如果父母能够正确地引导孩子自己制定目标，那么孩子在朝着目标努力学习的过程中是有主动支配权的，孩子对整个目标有很好的控制能力。这样学习过程是快乐的，孩子也会变得积极主动。

目标是动力

没有目标的孩子，跟在迷雾中摸索的人没有什么差别。有目标，孩子才有期待，才有努力的动力。

孩子都是有好胜心的，每当孩子公开宣布自己的目标后，实现这一目标就成为他前进的动力。孩子能从内心迸发出"我要学"的强烈动机，就能自觉、主动、热爱学习，这比父母整日的督促和监视管用多了。

目标让孩子更专注

目标能让孩子更专注。当孩子有清晰的目标时，他们就会专注于一个方向，把自己的资源和精力都集中于自己所选的目标。这种集中的能力是很重要的，因为孩子在学习的过程中，很容易就会被分散注意力。这种目标管理的做法，能培养孩子的自律性，帮助孩子在未来发展得更好。

目标是一种约束

目标是一种召唤、一种激励，也是一种约束。当孩子有了清晰的目标，就会主动战胜各种诱惑，比如主动不看电视、不玩游戏、不躺在沙发上无所事事……

目标就像一座灯塔，不仅能照亮孩子前行的道路，也会激发孩子前进的动力，促使他主动学习和探索，还能够培养他的自律性和责任感，懂得对自己负责。但是，这一切的前提是，孩子追求的目标是自己想要的，而不是父母强加给他的。

每个父母都希望自己的孩子成绩能够越来越好，能够考入班级前5名，通过钢琴6级考试……愿望总是美好的，可是父母该如何引导孩子为自己设定目标并努力实现呢?

第65招 抓住孩子想设定目标的机会

作家约翰·艾维斯认为，父母需要帮助孩子抓住设定目标的机会。不是每个孩子都可以在被询问"今年有什么想法和目标"时给出一个好答案的。但如果今天吃饭的时候，孩子偶然说"很希望下学期可以跟同学一样在科学小竞赛中获奖"，那么父母就要牢牢抓住这个机会。这正是一个帮助孩子设定目标的好机会。

当然，孩子对于梦想经常过于乐观，结果很容易被现实打击。如果孩子跟父母提出想学吉他，父母鼓励孩子去学是对的，但不要过度:"你肯定能学得很好! 说不定明年就能赶上××（某位知名吉他手）了。"父母要跟孩子说明学吉他会遇到哪些挑战，比如孩子可能会感到枯燥，练习吉他可能需要占用孩子一些玩游戏的时间等等。这么做的目的不是要吓退孩子，而是让孩子知道要认真对待每一个目标和计划。

第66招 ▶ 一开始目标要小一点

　　让孩子为一个遥远宏大的目标去努力,其实不太现实。一个刚刚开始学跳绳的小孩,拟定了一分钟跳100下的目标,可以想象,孩子很快就不跳了。所以,父母可以先让孩子设定一个小目标,比如连续跳2个。美国教育专家吉姆·威斯坦曾说:"从小目标进展到大目标,对孩子来说很有效。每完成一个小目标,就能给这个孩子增加难以置信的能量。"

　　当我们给孩子设定的目标太难,孩子如果因为能力不足而做不到,心理就会受挫。如果孩子屡次失败、碰壁,就不再愿意面对或者接触新的挑战,因为孩子感到完成目标是一件让他失望和不快的事。

第67招 ▶ 目标受挫要鼓励

　　实现目标的过程,不会百分百顺利。当孩子因为受挫而沮丧,父母要及时给予鼓励。

　　鼓励的话要有共情力,避免空泛,更要避免讲大道理。比如,父母可以对孩子说"无论结果如何,你的努力和付出都值得称赞。"也可以说"没有达到目标确实很遗憾,但你已经很接近了,下次有信心实现目标吗?"或者"在遇到困难时你没有逃避,值得表扬。""虽然我们的目标没有实现,但我们比上次已经有很大进步了,不是吗?"

给孩子自由支配的时间，越自由越自律

为了飞飞能考上重点中学，妈妈为他制订了详细的学习计划，飞飞的周末被各种学习班占据着。看着同学们玩耍，他觉得很不公平，对学习也越来越没兴趣。

为了让孩子提高成绩，父母恨不得孩子一天 24 小时不停地学习。父母常常担心一旦把空闲时间完全交给孩子，孩子会管不住自己，把时间都浪费掉。

孩子为什么需要自由时间

美国纽约大学的尼尔·波兹曼教授曾提出，只有在闲暇的时候，人才会花时间思考和学习。给予孩子自由管理空闲时间的机会，不仅是在帮助孩子发展做决定的能力，也是在帮助孩子学习自我管理。因为没有了父母的干涉，孩子能够做出发自内心的选择，这能帮助孩子认识自己，找到自己，做更好的自己。

心理研究表明，孩子在人生成长阶段，需要存在脱离父母控制的、由孩子自己开辟出的自由空间。所以，父母要给孩子一些时间去自由支配，让孩子自己决定做什么，从而让这一空间得以加大，让孩子的身心得到放松和滋养。

自由的孩子往往更自律

事实上，会合理安排时间的孩子，比那些时间被父母安排得满满当当的孩子更有主见和想法，也更自律。

对于经常有自由时间可支配的孩子，给他一天的时间，他能很快做出安排：去研究一个汽车模型，或是去阅读机械方面的书籍，或去博物馆看看有什么新展品，甚至约几个朋友一起玩。而那些从来没有自由时间可支配的孩子，他们一下子有自己的时间，最初会感到意外和惊喜，觉得有很多事要做，但又不能果断地确定做哪件，变得迷茫烦躁。最后，他们可能还是会听从父母的安排。当他们习惯了父母的安排，就不再费力去做选择了，觉得听从安排既省心又省力，变得越来越依赖父母。

给父母支招

有些孩子本身并不磨蹭，但是当完成作业后，父母常常不经孩子同意又布置额外的任务，导致孩子不满，产生情绪对抗，拖延便由此而生了。

那么，怎样给孩子留出自由时间，让孩子变得更积极自律呢？

第68招 根据需求有选择地留额外作业

很多父母知道孩子的数学不好，就买来一大堆辅导材料、习题集给孩子做，孩子看到大量的练习题，不知自己什么时候才能做完，肯定就会拖着不愿意做。而且，如果孩子已经熟练地掌握某个知识点，也没必要做过多的练习题，浪费时间。

父母可以根据孩子考试反映出的弱项或者老师反映的薄弱环节，针对孩子数学上的某个薄弱点进行练习。比如孩子在做长方体或正方体表面积、体积运算时总是出错，我们就可以引导孩子加强这类知识点的练习，给孩子布置适量的、有针对性的练习题，也许孩子花10分钟就做完了，这样孩子就不会拖延了。

第69招 让额外作业变得有趣

父母给孩子布置额外作业时，最好不要按照学校教学的方式布置，而是要激发起孩子的内在需求，内容上是孩子需要的，能够充分发挥孩子的创造能力和实践能力的。

例如,父母可以陪孩子阅读儿童文学、科普杂志或动漫,或者是陪孩子看有教育意义的电视节目,讨论孩子感兴趣的话题,还可以陪孩子下棋,做一些户外运动等,这些都是延伸学习。父母一定要根据孩子的学习能力、体力、兴趣、时间等因素,安排适当的延伸学习。

第70招 ◀ 自由时间要适度

父母在给孩子制订日程时,可以将一段空闲时间作为孩子的自由时间,不安排任何计划,但需要规定好开始时间和结束时间,从而帮助孩子理解时间管理,合理地安排自己需要的放松和休息时间。最好让孩子在写完作业后,有30分钟自由活动时间。

到了周末,父母应该给孩子半天的休息时间,由孩子自行分配。在寒暑假期间,每天也至少给孩子3～4个小时的自由时间,让孩子做自己想做的事情。通过给予孩子一定的自由时间,不仅能够激发孩子的能动性,还能帮助孩子增强适应能力,提高思维和逻辑水平。

针对孩子自由时间的分配和安排,父母可以先和孩子讨论交流,弄清楚孩子想如何支配。此外,有一点很关键,父母不要去干扰孩子如何支配自由时间。

Part

5

化难为易，让孩子
在快乐中努力

孩子拖延，很多时候是因为害怕困难，畏难情绪泛滥导致的。如果能将事情化难为易，就能帮孩子战胜对困难的恐惧，把"我不行""我不会"，变成"我行""我会"的强大行动力。

降低期望，帮孩子克服拖延

小新想去外婆家过暑假，妈妈的条件是除了完成暑假作业，必须完成额外的三本练习册。可妈妈在开学前一周去接小新，才发现他连学校的作业都没写完。

案例分析

孩子不愿意写寒假作业，一直拖到开学前几天才开始动笔，这是心理动力性的拖延，说明孩子潜意识里不愿意做这件事，做这件事对孩子来说是困难的、不愉快的。如果让孩子跟小伙伴去田野里撒欢疯跑，孩子就很愿意。

搞不定就拖延

当孩子发现父母给的任务太多，难以完成时，就会想要逃避而拖延。除了任务多，让孩子感觉难以完成，任务难度大也是导致孩子拖延的常见原因。比如，"下次考试要进全班前三""期中考试要超过班里第二名的那位同学""期末考试各科分数不得低于 90 分"等等，父母给孩子设立的标准太高，孩子会因为实现不了而产生挫败感，从而开始拖延。

期望太高换来消极应付

过高的期望不仅会把父母推入失望的海洋，也会让孩子产生对不起父母的愧疚感。父母不妨听听孩子的心声，"我又没有考进前三名，我觉得自己很没用。""每次考得不好，我都特别害怕，怕看到妈妈失望的脸。""妈妈一个人把我抚养大，她那么辛苦，一想到我可能考不进重点高中，我都不知道怎么面对。"……

这样下去，孩子就会认为自己很糟糕，很不讨人喜欢，从而慢慢变得消极，认为反正父母永远都对自己不满意，再努力也没用，于是破罐子破摔。

被外力驱使的孩子容易沉迷

即使孩子没有通过拖延来反抗，而是选择了顺从父母，最终考上了一所不错的学校，但父母的外力一旦消失，长期被外力驱使的孩子就会发现没人管的世界竟然有这么多好玩的，很容易经禁不住身边的诱惑，一下子就迷失了自我。

适当降低对孩子的期望值，父母才能拥有平和的力量。就像跨栏或是跳高一样，栏杆太高会影响孩子的积极性。适当调低一点栏杆的高度，让孩子用力就能跨过去。这样一来，孩子会将这种兴奋心情保持下去，并有勇气越过下一个更高一点的栏杆。

那么，父母应该怎么做呢?

第71招 为孩子制定适宜的目标

父母应为孩子制定适宜的目标。例如，有的孩子一提到写作文就害怕，如何才能帮助他克服这种心理，使他不怕写作呢? 父母可以和孩子一起制定阶段性的学习目标，设计这样的"阶梯式"训练：首先，父母要求孩子每个月写一篇作文，这时，孩子可能会觉得压力很大，但经过一个学期的训练，孩子慢慢地就适应了；接着，到第二个学期，父母可以要求孩子每半个月写一篇作文；最后，到第三个学期，父母就可以要求孩子每个星期写一篇作文。

如果"阶梯式"训练的目标设置合理，经过逐步加大强度的"阶梯式"强化训练，孩子就能完成目标，心情放松了，自然就不会有畏难情绪了。

第72招　避免把焦虑传染给孩子

　　幼升小要考试、小升初要靠电脑派位、中考竞争激烈、高考是"千军万马过独木桥"……孩子的每一步成长，似乎都面临着激烈的竞争，这也让父母的焦虑与日俱增。为了能让自己的孩子早日成才，父母普遍对孩子期望值过高，导致孩子承受的心理压力过大。而这些压力也让孩子形成了焦虑心理，对学习越来越没自信，进而开始拖延。

　　父母感到焦虑的原因，首先是受周围环境的影响。别人家的孩子都在学英语、学音乐，自己家的孩子每天不看书玩游戏，一副特立独行、置身事外的样子，如果不给孩子施加压力，似乎孩子注定要变成差生。这让父母变得很焦虑。

　　一位妈妈说道："如果孩子成绩不好，就上不了重点初中，上不了重点初中，就很可能上不了重点高中，上不了重点高中，就很难考上重点大学，这一系列连锁反应，往往影响的是孩子的整个人生。"

　　要想孩子不被父母的焦虑所吞噬，父母就要调节情绪，不盲目跟风"鸡娃"，试着把焦虑的心放下，尽可能用欣赏的眼光给孩子提供鼓励和支持。每个孩子都有自己的路要走，把一些选择权留给孩子未尝不是一个好的选择。

微习惯，让孩子有动力去执行

妈妈希望小美的个子能长高些，就给小美制订了每天跳绳 500 个的计划。但小美跳两三下就会断掉，跳了十几个，她就放弃了，再也不愿意跳绳了。

微习惯，是一些极其微小且做起来很简单的积极行为。这些行为轻松到不需要大脑思考就可以做完，不用耗费任何精力和体力，基本不可能失败。

微习惯的特点

微习惯具有以下特点：

① 没有截止时间；② 目标小，容易积累；③ 不用准备，直接可以做；④ 容易提升自我效能感；⑤ 不知不觉中让大脑适应改变。

微习惯真的有用吗

有家长会问，这么小的微习惯真的有用吗？答案是有。

因为微习惯只设定了最小值，不设定最大值，所以执行起来毫无负担，很容易超额完成。尤其是有些事，一旦开始进入状态后，就很容易持续下去。比如，孩子的阅读任务是 2 页，但如果孩子被书中精彩的故事所吸引，阅读量就从 2 页变成了十几页。如果孩子每次都能超额完成任务，他的成就感也会加倍，从而会更有动力继续完成目标。

微习惯有助于增强执行力

培养微习惯，能够增强孩子的执行力，提升孩子的意志力。微习惯可以只有一个也可以有多个，但是不要超过四个。因为过多的任务会分散孩子的精力，使孩子无法兼顾。在设定微习惯时，可以先从难度低的小事开始，使孩子可以超额完成。如果设定的任务是让孩子安静地看 10 分钟的图书，当孩子拿起书时，他可能被书中的故事情节吸引，越看越感到有趣，结果超额完成任务，取得进步。

由于每次孩子都能清楚地知道自己超额完成了任务，他就会产生更多的动力，相信自己能做得更好。

微习惯是可以用微小的努力换取快速成长的最好工具，它的魔力就在于能够在一定程度上"欺骗"大脑，让大脑以为孩子做的事情极其简单。孩子按照制定的微习惯完成目标，从小目标慢慢积累，最后变成大目标，经过这样简单的重复，完成目标就会逐渐成为孩子一种自然而然的习惯。在良好习惯的帮助下，孩子可以实现自己的价值，成为最好的自己。

那么，如何制订适合孩子的微习惯计划呢?

第73招 以周为单位落实一个微习惯

父母应以周为单位，引导孩子列出关于学习、兴趣等方面的日程表，从行为、说话等各种小事着手，制定"微目标"。在所有的微目标中，确定一件最重要、最紧迫的事情，将这一件事分解为一个每天都能落实的微习惯，如把准备语文考试的目标分解为每天默写五个词语。

对孩子来说，每周设置一个微习惯计划是比较理想的状态。直到这个微习惯成为孩子的日常习惯，父母可以再添加一个新的微习惯计划，让孩子循序渐进地养成好习惯。

第74招　适当增加任务量

随着孩子逐渐适应微习惯，父母可以逐渐增加任务的难度，帮助孩子不断挑战自己，形成更好的习惯。需要注意的是，增加任务量的幅度一定要小，不可一下子增加太多。比如，父母可以将阅读时间从10分钟增加到15分钟，或者将每天背诵2个单词增加到3个。如果本来每天背诵2个单词，一下增到10个，孩子很可能会难以适应，甚至排斥学习。

第75招　将微习惯融入日常生活

微习惯与日常生活是深度融合的，将微习惯按照一定的标准融入孩子的日常生活中，能增加孩子关于微习惯的记忆点。

按照时间安排，父母可以与孩子约定在固定的时间内完成预先制订的微习惯计划。通过设置闹钟，提醒孩子在晚上八点读一篇文章，约定每次孩子上学前，和爸爸妈妈拥抱一次。按照行为标准，父母可以让孩子在做完具体的行为动作后落实一个微习惯。如孩子到家换好鞋子以后就去洗手，动筷吃饭前要等待家庭成员全部落座。

授之以渔，引导孩子找到"快"的方法

　　图图书架上的书总是摆放得乱七八糟，还有不少书在地上堆着，图图说他来整理。图图的妈妈开心地夸图图真懂事，然后就去做饭了。

不要用成年人的心理来教孩子

很多时候，父母在教育孩子的时候，总是会不耐烦，不明白一个小小的动作，一个很简单的道理，孩子怎么就是弄不明白？甚至一些家长就得出结论，认为孩子太笨了，是"孺子不可教"。比如，父母教给孩子写阿拉伯数字"2"，和孩子说了多遍"2"就像一个弯脖小鸭，并且手把手地教孩子写，但孩子就是写不好，不是反着写，就是把数字写得躺倒，要反复练习好几天才能基本写正确。

其实，这并不是因为孩子笨，而是因为我们在用成年人的心理来教孩子。很多东西，对于成年人来说很简单，但对孩子而言却不是这么容易的事。

"习得性无助"

美国心理学家马丁·塞利格曼提出了"习得性无助"，指的是生物通过某种长期经历，学会了用无助、绝望来应对某些事情。

马丁·塞利格曼做了这样一个经典实验。他把一只狗关到笼子里，然后播放音频，只要声音一响，他就会对狗进行电击。到后来，只要狗听到特定的声音，哪怕已经不对它实行电击，它还是会哀号、颤抖。

"习得性无助"也常发生在孩子身上。很多父母看到孩子背不会课文、单词，学不会踢毽子、洗碗，就会不厌其烦地鼓励："再来一遍吧！""妈妈相信你！""加油呀！"让孩子一遍遍地重复。当孩子一遍又一遍地重复着做不到的行为，孩子学会的不是百折不挠，而是在心里不断加深"我做不到"的认知，从而变得自卑、恐惧和无助，不再愿意去尝试。

孩子做事慢不要紧，父母应该主动去了解孩子为什么慢，帮助孩子分析问题，找到变快的方法，才是关键。

第76招 亲身示范传授方式给孩子

意大利幼儿教育家玛利娅·蒙台梭利女士曾在孩子们面前示范如何擤鼻涕。她把一个擤鼻涕动作分解成几步，一步一步地做下去。孩子们竟然从头到尾一直紧盯着她，她的动作结束后，孩子们对她报以热烈的掌声。原来看她示范的孩子们都曾因不擦鼻涕被批评，甚至被大人粗鲁地代劳，所以当他们看到蒙特梭利女士的示范后，意识到"如此简单的动作，我也可以做到。"收获了知识的孩子们，通过掌声对蒙特梭利女士表示感谢。孩子们其实也想学会自己做事情，当蒙特梭利女士耐心地示范给孩子们后，他们自然会认真对待，并不断在脑海里加深动作组合、顺序的记忆。

只是动动嘴皮子，孩子是听不明白的。父母想要教会孩子一种技能，一定要亲身示范。教导年幼的孩子，做比说有用，而且做得一定要细致、易于理解。

首先，找到孩子想做的事情后，要把完成这件事的整个动作拆分成几个个小动作。

其次，把最主要的小动作按照顺序清楚地排列。

最后，按顺序做动作时不要说话，保证孩子集中注意力在动作的演示上。演示结束后，用简短的话总结要点。

进行分解动作示范时父母一定要有耐心，即使刚开始孩子对父母的行为不感兴趣，父母也要在孩子面前反复多做几遍。但如果父母做了很多遍，孩子却依旧表现得兴致缺缺，或者毫不在意，这个时候父母就要思考自己设计的动作是否足够简单易懂，这个动作是否是孩子感兴趣的，以及这个动作对孩子是否有教学意义等等问题。根据分析结果从头再梳理，找到真正的问题。

如果父母对要教导孩子的动作没有头绪，不妨从生活技能方面的小事入手。比如，整理收纳物品、擦桌子、扫地等，这些都是生活必备的小技能。父母可以在孩子面前演示，也可以在自己做的时候让孩子在一旁观摩。经过长时间的观看，孩子慢慢就会学会父母的做事方法，进而想去尝试，并在练习和实践中掌握这一技能。

第77招 将复杂的问题简单化

一些孩子认为很复杂的问题，父母需要帮助孩子把问题变得更简单。

如果孩子背不下来古文古诗，很有可能是孩子不理解文章的意思，不会断句，或者是有其他问题。在搞清楚孩子的问题之后，父母再给孩子反复讲解，直到孩子理解。

如果孩子记不住英语单词，很有可能是因为孩子不会读单词，没有理解单词的意思。父母可以先教会孩子读音，分析词根词缀，看到一个单词就指出相应的物品或做出动作，让孩子把单词拼写、读音、具体的形象联系到一起。

父母可以定下很多规则要求孩子执行，但也要及时发现孩子哪里遇到了难题，耐心地帮助孩子解决问题。只有这样孩子才会拥有执行规定的能力。

拆解任务，让孩子在"升级打怪"中快乐学习

情景展现

　　菁菁刚转入一所私立学校，她非常不适应新学校的节奏，老师留的作业也比之前学校多了很多。每天放学，她都抱怨作业太多，不想写。

有些孩子短时间内无法完成过高的目标，会遭受父母的训斥，甚至打骂。孩子会因此感到无助，对学习失去信心，长期陷在失望的情绪中，变得自卑。即使没有遭到父母的责罚，孩子依然会产生挫败感，心理不断暗示自己是个笨小孩，无法让父母满意。在长期的自我暗示下，孩子的表现会越来越差，越来越觉得自己笨，陷入一个死循环。

由此可以看出，过高的目标可能会让孩子失去信心，而一次小小的成功，可能会激活孩子潜在的巨大自信，让孩子走向新的成功。把大目标拆分成小任务，则可以让孩子从完成目标的过程中获得积极的引导力量。

学习目标可拆解

父母可以帮助孩子把复杂的学习任务分解成若干个小任务，让孩子从难度较低的小任务开始，一步一步认真地完成每一个小任务，最终孩子一定可以完成复杂的学习任务。比如，让刚上小学的孩子一次性完成一整页的数学题目是比较困难的，家长可以把题目分成几组，每组 3 道至 5 道题，做完后检查孩子完成的情况，并视情况再增加任务。这样，孩子不仅掌握了学习内容，学习能力得到加强，自信心也进一步树立起来。

生活技能可拆解

不止学习上的任务可以分解，生活中的复杂问题同样可以分解成几个小步骤来逐一完成。比如，孩子要学习骑自行车，我们就可以帮助孩子把学习骑自行车分解成 3 个步骤，第一步让孩子学习推自行车，第二步让孩子学习单脚滑行，第三步让孩子学习上车练习。这样一步一步地学习，加上反复练习，孩子很快就能学会骑自行车。

不是所有的任务分解成小任务，孩子都能顺利地完成。在完成任务的过程中难免会遇到一些挫折和失败，这时，身为父母的我们该如何鼓励孩子呢？

第78招 引导孩子作纵向的比较

让孩子和别人比，也许能激发孩子的动力，但更多的只会加重孩子的心理负担，甚至起反作用。明智的父母应该懂得引导孩子和自己比，这样孩子才会拥有源源不断的动力，变得更加积极主动。

比如，孩子学习骑自行车但一直没学会，父母可以告诉孩子他的进步，比如"上个星期你还要妈妈扶着上车呢，现在你都可以自己上车了。"这样做会让孩子觉得自己也是有进步的，对骑车重拾了信心。

第79招 帮助孩子分析成功和失败的原因

在帮助孩子分析失败的原因时，父母最好将原因归结到可控因素，而非不可控因素。可控因素指的是孩子通过努力可以改变的因素，如努力程度、练习的次数和时间、方法是否正确等；不可控因素指的是孩子即使努力也无法改变的因素，如智力和性格上的缺陷等。

父母可以告诉孩子，"没关系，轮滑需要很多时间练习，没有人可以一次学会。""也许你可以试试别的方法，比如先弹右手的曲子，再弹左手的曲子，然后合起来弹，看看这样会不会容易些。"

　　另外，父母要宽容孩子在完成任务时出现的失误，帮助孩子认识犯错是学习的一部分，这也是每个人学习新技能必须经历的。父母可以告诉孩子"摔倒了也没有关系，我学自行车的时候摔的次数比你还多。""涂色需要很多的练习，没有人能一下子就涂得很好。"父母的谅解会让孩子卸掉许多心理包袱，从而能够更好地继续没有完成的任务。

不用上很多补习班，也能轻松提高成绩

多多的成绩不理想，妈妈一口气给他报了语文、数学、英语三个补习班，还给她买了好多练习册。这么多练习册多多不想写，就故意慢慢地写学校留的作业。

　　父母经常无限地给孩子加压，使孩子没有玩的时间，复习了这科又复习那科，复习完了还要做些高难度的进阶题目，这样做不仅使孩子对所学的科目产生厌烦情绪，而且容易使孩子养成磨蹭的坏习惯。因为孩子没有自己可支配的时间，只好拖拖拉拉地写作业，一边写一边玩。

　　其实我们可以换位思考一下，自己下班后还愿意无偿加班吗？我们回到家也是希望放松休息，孩子其实也是一样的心态。

　　更重要的是，在父母不断加压下，孩子很容易陷入伪努力的状态，学习只是做做样子，根本不考虑效果。

学习效率比时长更重要

　　父母一定要给孩子传达"学习效率比时长重要"的观念，让孩子懂得珍惜时间。能一个小时掌握的知识，如果花两个小时，就是浪费时间。

　　所以，父母要调整自己的认知，不要看到孩子趴在书桌前学习就觉得安心。如果只有学习时长，没有效率做支撑，学习质量也只是事倍功半。

学霸都喜欢"偷懒"

　　很多每天看起来学习很努力，很辛苦的学生，成绩未必很理想。相反，很多学霸反而不会刷很多题，报很多班。仔细观察，我们会发现那些真正的学霸都会"偷懒"。比如，为了少刷点题，学霸会把一道题做出十道题的效果，反复提炼总结，争取做到举一反三，把做过的每一道题目都利用到极致。

　　为了在复习上少花时间，学霸每学一个新知识点都将它理解透彻，遇到的每一个问题都及时解决，每天睡前花一两分钟复习，基础打得扎实又牢固。同时，学霸也绝不做无用功，他们必须确保每个任务有收获才会去做，他们的笔记本和错题本可能不够整齐，但实用性却超强。

不要让孩子养成只追求完成学习任务的习惯，要引导孩子看重学习的效果。这要求父母在平时就要以结果为导向，帮助孩子养成高效的学习习惯。

第80招 快速有效复习的四环节

快速复习，一般包括以下四个环节。

一、让孩子找出学习的重点和难点。

二、让孩子整理知识网络。让孩子找出和理解知识间的必然联系，并在头脑中形成一个知识的网络。然后再根据材料的性质，编写知识提纲，这样可以使学习内容简明而全面地显示出来。

三、让孩子尝试背诵。孩子可以对照知识提纲，按照顺序反复试背，遇到不会和不懂的地方，可以翻书对照，进行第一次"反馈"。然后再有针对性地记忆薄弱的环节，进行第二次"反馈"。如此反复，可以使孩子加深对知识的理解和记忆。

四、有效强化。也就是用最简短的语言，抓住概念的内涵实质和材料的核心内容，再对提纲进行压缩，使它成为简纲，然后对简纲进行强化记忆，并将其长期保留在脑海中。

第81招　复习既要有重点又要全面

　　孩子在复习时还要把握重点和方向，这不是指非重点的内容就可以不复习。如果复习的内容只有重点而没有其他，那也就无所谓重点与非重点了。有的孩子不愿意多下功夫，总想找点窍门少复习一点，自认为不重要的就不复习，而自己的主观猜测又往往与考试的重点不相吻合。所以常常听到有的孩子会说"我复习到的都没有考，考到的我又没有复习到。"

　　采用这种复习方式，孩子自然不会取得好的成绩。即使偶尔押对题得了高分，也是侥幸。因此，孩子在考试复习时要做到系统和全面，要扎扎实实地落实每一个知识点，不留疑点和空白，强化重点知识的记忆和训练。

第82招　跳出题海，回归课本

　　很多孩子只是一味地做考前模拟题，期望考试时的试题能从模拟题里出一两道或者类似的题型，却没有读课本的习惯。其实，所有的考试题目都是基于课本知识的，所以孩子在复习时就必须读课本，并且反复地读。

　　孩子一定要很仔细地阅读课本，最好读出声，这样就不会漏掉一些细节。读完之后，孩子应该能够对本章节的内容有清晰的思路，并且能用自己的方式构建出一个知识框架，对照着框架能够复述本章节的内容。这样，孩子就可以整体把握书本知识。从整体上把握书本知识有利于孩子对于试卷中的一些基本题目有一个宏观的把握。即使是考试前一天，孩子也不要放松。父母应引导孩子在考前认真翻看自己做过的试卷或错题本，逐一查看平时在考试中或者在做题中犯的错误以及应注意的事项。

一张简单的任务清单，让孩子告别拖延

文文每天放学回家都是磨磨蹭蹭的，等他写完作业，都到晚上 10 点了。一天晚上，妈妈陪他写作业时，忽然来了灵感，妈妈做了一张每天的任务清单。

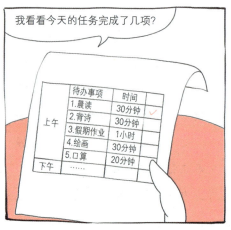

还没放假，我们就把假期任务给孩子安排上了，晨读、写寒假作业、上英语课、练书法、阅读……

有人说，要毁掉一个人的内驱力，只要给他一张密密麻麻的计划表就够了。复杂的计划，包含过多的事项，时间被切割得很碎，任务之间的间隔也小，甚至连休息吃饭的时间都做了严格规定。整个表格"密不透风"，让人的感觉很压抑，孩子根本不会产生执行的欲望，只有想方设法地拖延。

计划的目的在于执行，越复杂的计划越不利于执行。把计划做得简单点，反而可以提高孩子的执行力。

简单的清单可提高执行力

有些父母喜欢给孩子安排很多任务，或者把一周甚至一个月内的孩子要做的事情全部列在一张纸上。一张写满了任务的清单，和一张只写了两件事的清单，肯定是后者能让孩子更有执行的动力。

简单的清单长什么样？一段时期内，父母主要抓孩子的两三个能力就够了，毕竟"贪多嚼不烂"，任务清单上只有几件重要的事情即可，比如这段时间孩子的任务是每天写一篇语文阅读，或者单词背默。

列举的任务和时间也有关系，如果是假期，每天的时间充裕，父母可适当给孩子多安排几项任务，但也不要太多。如果是上学的时候，每天放学后的时间较短，除了作业，父母可以再安排1件至2件任务。

随意增加的任务让孩子很排斥

有些家长在孩子按照既定的时间完成任务后，还会额外增加孩子的任务量，结果孩子不仅产生逆反心理，对父母话语的可信度也产生了怀疑，甚至以后再也不会相信清单。有些孩子惧于家长的权威，虽然不敢公然反对，但是却会"无声地反抗"，比如做事不专心、故意拖延等等。

给父母支招

每年的暑假和寒假时间都比较长，如果不想让孩子浑浑噩噩地过一两个月，父母就和孩子一起制作一个时间表格吧。从起床、吃饭、午睡、休息的时间开始，让孩子习惯在特定的时间做特定的事情，养成一个好习惯。

时间表看起来很简单，在制定的过程中也需要注意以下几点。

第83招 ◀ 根据自身生物钟安排时间

生物钟可以理解为在人体内有一个无形的钟表，一旦到了某个特定时间，就会进行某项生命活动。若是未按照特定时间去做相应的行动，就容易导致身体出现问题。反之，若是能够把握进行各项活动的最佳时机，有选择性地采取一些行动，就能取得很好的效果。

一般来说，记忆力最好的时间段是早上醒后和晚上睡前一小时，前者是信息还未输入的时刻，后者是信息最后输入的时刻。因此，在没有其他信息的干扰下，这两个时间段最适合安排急需记忆的任务。上午8点到10点是一天的开始，这段时间做什么都会很顺利，孩子可以利用这段时间做一些思维性强的任务，或是学习新知识。到了14点到16点，这是一天最低沉的时期，孩子一定不要在这段时间去进行背诵任务。17点到21点，人的大脑会重新活跃，变得清醒，这一时间段适合安排一些重要的事情，比如复习之前的功课等等。

总之，孩子应该把空余时间按自己的效率和生物钟情况给予不同分数，将最紧急、重要的工作放在分值高的时间段里，从而实现效果最大化。

第84招 保留 30% 的空白时间

孩子在制作时间表格时，要考虑到计划的弹性。在安排每日任务的时候，至少要保留 30% 的空白时间，保证重要的任务可以如期完成。因为计划安排得过密，孩子会觉得没有自由，从而对清单上的任务产生敌意，导致做事拖拉延误。

所以，在做计划时，一定要确保重要的任务能够被分配到足够的时间。这种做法也会在一定程度上增加任务的可行性，让孩子完成计划的意愿得以提高。孩子只有玩好，才会学好，他们内心愉悦的时候，做事效率自然更高。

第85招 固定每个任务完成的时间点

列任务清单的目的就是要让孩子了解自己一天或往后几天要做的事情，让孩子在心中有一个大致的完成顺序，并让孩子集中注意力提升做事的效率。所以清单上的每一个任务都要标明具体的完成时间，让孩子在做事的时候有一种紧迫感。当然，关于截止时间的制定，父母要考虑任务的难度和孩子的实际能力，千万不能主观臆断。

Part

6

正面反馈，让孩子
变身行动派

如果孩子总是收到消极的反馈，长期处于负面评价中，就会越来越拖延。给孩子积极的关注，积极的反馈，多肯定，多鼓励，多欣赏，才能提升孩子做事的信心，帮孩子进入正循环，变得越来越积极。

父母越严苛，孩子越拖延

政政正在玩玩具车，爸爸让他赶紧写作业。政政听了爸爸的话后，就拿出作业趴在桌子上写了起来，但是他把玩具车也拿到了桌子上。

有心理学家发现，那些严厉的父母往往更容易培养出爱拖延的孩子，这或许就是"物极必反"的道理。过于严厉的父母不太懂得与孩子沟通，他们要求孩子无条件地服从自己，孩子在不得不执行命令的同时，常常会采用拖延战术。

惩罚不能阻止不良行为

美国儿童教育家海姆·吉诺特曾说过："惩罚不能阻止不良行为，它只能使罪犯在犯罪时变得更加小心，更加巧妙地掩饰罪行，更有技巧而不被察觉。孩子遭受惩罚时，他会暗下决心以后要小心，而不是要诚实和负责。"惩罚不能阻止不良行为，只会让孩子因为害怕惩罚，而想办法巧妙地掩饰错误，不被察觉。

为什么不能打孩子

之所以很多家长认为打孩子有效果，是因为这是将疼痛与某些行为建立了联结。比如，孩子因为不写作业而被父母打骂后，孩子就会将写作业和疼痛建立条件反射，或许对一些孩子来讲是有"立竿见影"的效果，但是将孩子的求知欲好奇心与痛苦建立联结是一件非常可怕的事情。

更多父母打孩子的案例中，孩子的负面行为反而在挨打后愈演愈烈，他们"越打越皮"，并且还从父母那里学会了用暴力解决问题的方式，成为一个施暴者。

接纳才能改善拖延

即使很多父母认为孩子做作业拖拉是故意的，也要先接纳孩子。就算孩子是故意慢吞吞地写作业，父母呵斥他、责骂他，或者在旁边盯着孩子做作业，孩子写作业的速度还是快不到哪里。

父母无条件地接纳孩子，会让孩子感觉到无论自己怎样表现，父母都是爱他的，都是愿意信任和支持他的。这样一来，孩子内心的安全感就会慢慢重建，减少因为防御所消耗的负面情绪，如恐惧、内疚等，他才能拿出更多的精力处理拖延问题。

父母的严厉会让孩子恐惧，孩子会因为害怕受责备而选择说谎来掩饰错误，甚至会产生叛逆心理。那么，父母应该如何有技巧地批评孩子的拖延呢？

第86招 批评对事不对人

父母在批评教育孩子的同时也应该尊重孩子，做到对事不对人，不能因为一两次的小错误就否定孩子以前的努力。父母只需明白地告诉孩子他犯了什么样的错误，帮助孩子分析犯错误的原因，以及犯错误会带来什么样的后果，提醒孩子以后要注意改正，这样才能达到教育目的。

比如，父母可以把"你就是不爱学习"改为"已经7点了，作业还没有开始做"，把"你怎么这样不听话"改为"我提醒两遍了，你的书包还是没有整理"。

第87招 低声批评更有效

父母在批评孩子时，不妨放低声音，语气温和坚定，这比高声大喊要更有效果。父母低声批评孩子，孩子反而会更紧张，会感到"不自在"，进而反省自己的错误。不是嗓门越高就越能产生立竿见影的效果，声调和结果往往成反比。并且，大喊大叫不仅使孩子感觉不到尊严的存在，也把父母的修养咆哮得无影无踪。如果大人孩子都发脾气，批评教育就很有可能会升级为哭闹和打骂，教育的效果只能为零。

另外，父母在批评孩子时尽量不要用"你……"的句式，而是指出我们所看到的客观事实即可。例如将"你把桌子弄得乱七八糟，快收拾一下"变为"桌子上很乱，需要收拾一下"，将"你作业做得太慢了，快点做"变为"还有10道题没有做，加快速度"。这样不仅会让孩子感到父母只是针对他的磨蹭给出建议，还让孩子感受到父母的尊重。

第88招　写纸条控制脾气

我们可以写两张纸条，第一张把自己坏脾气的可恶之处列出来，这张纸条就象征着自己的坏脾气；第二张写下自己希望能够改掉坏脾气的愿望，以及能起到提醒作用的一两句话，这张纸条象征自己的决心。然后，我们把第一张狠狠地撕碎，象征着把自己的坏脾气埋葬掉。而第二张要贴到墙上或放到其他自己方便看到的地方，规定自己不管在什么情况下，只要想发火，必须先跑去看过这张字条，看完了再决定发不发火。

如果我们已经开始发火，突然想到纸条，也要跑去看看。若纸条有效控制了我们的怒火，不妨给自己一点奖励，让自己高兴；如果看过纸条后还是发脾气了，也不要气馁，把这一张撕了，再重新写一张，重新给自己鼓劲。只要看纸条这个仪式化的行为一直坚持下去，上面提醒的话经常在心里复习一下，坏脾气一定能被有效抑制。

花式表扬，夸出孩子内驱力

小雷期末考试得了 96 分，他兴奋地把这个好消息告诉了妈妈。小雷的妈妈虽然很开心，却没有表现出来，表面上还是叮嘱小雷别骄傲。

案例分析

　　孩子都渴望被看见、被回应、被肯定、被重视，好孩子是夸出来的。父母说的每句话，在孩子心里都重若千斤。父母对孩子的认同，能让孩子为此感到骄傲并为之努力。想让孩子变好，父母不妨多给孩子一些赞赏的话。

夸出积极的行为

　　父母经常给孩子鼓励，可以有效地增强孩子的自尊心和自信心。父母的肯定和赞美，能让孩子感到自己的努力和付出受到认可，从而更加自信地面对生活的各种挑战。

　　夸奖能够激发孩子学习的兴趣和动力。在学习和探索新事物时得到父母的鼓励，孩子会更加热爱学习，敢于尝试新的领域。孩子受到正向的反馈后，会更加专注地投入学习中，更容易取得好成绩。

　　适当的夸奖还可以培养孩子良好的行为习惯。父母及时地肯定孩子的积极行为，比如做家务、学会分享、与人友好相处等，孩子会认识到这种行为受到欢迎，更愿意坚持下去。

一定要避免敷衍式赞美

　　孩子欢天喜地来"求表扬"时，如果父母恰好在忙，很有可能会敷衍道"你干得不错""你太棒了"之类的话。敷衍式的赞美，不仅不能让孩子开心，还会挫伤孩子的积极性。

　　孩子画了一张画拿给妈妈看。妈妈在忙，扫了一眼画，大声地说："真棒，你画得太好了！"就继续忙自己的事情去了。

　　孩子生气地说："妈妈，你还没有看呢！"

　　敷衍式的赞美也是笼统的，"你真棒""你真厉害"之类的赞美，就像成年人之间礼貌的客套，听上去并不真实。孩子第一次听会觉得很兴奋，但是听多了就会产生"免疫"和"审美疲劳"。

有效的夸奖并不是没营养的、轻飘飘的客气话，而是有技巧、有细节、有针对性的。那么，父母要如何正确地夸赞孩子，才能让孩子变得积极主动呢？

第89招 感谢式赞美

当孩子做的事情对父母有帮助时，父母应该真诚地感谢孩子，这对孩子来说也是一种表扬。比如孩子帮忙照看弟弟妹妹时，父母可以说："谢谢你帮我照顾妹妹，你真是妈妈最得力的小助手啊！"孩子看到父母在忙，没有去打扰，父母可以说："看到妈妈忙着处理工作，你能自己去玩，不打扰我，真是帮了妈妈一个大忙。"

第90招 询问式赞美

当孩子成功地完成一件事时，父母除了赞扬之外，还可以用提问的方式启发孩子，让孩子自己总结经验。比如孩子很快完成了作业，父母可以问："你今天半个小时就写完作业了，你是怎么做到速度这么快的？"又比如孩子的书包总是很整齐，父母可以问："你的书包总是这么整齐，你是怎么做到的呀？"

第91招 ▸ 描述式赞美

描述性的赞美则是具体的，是通过对某件事的过程和细节的描述而展开的赞美，它能够给人更加真诚的感觉。常见的描述内容有以下几个方面。

一是描述具体的行为。当孩子主动去做某件事情的时候，父母可以夸奖孩子的具体行为。比如孩子帮忙拿快递时，妈妈可以说："刚才妈妈正在忙，你主动帮妈妈去拿快递。谢谢你。"父母先说原因，也就是孩子干了什么，再进行夸奖，让孩子明白"因为自己做了什么才被夸奖"。

二是描述看见的细节。父母在夸奖孩子时，应该尽量描述事实本身。比如孩子收拾了客厅，父母可以这样说："你把地扫得很干净，沙发也整理了，垃圾都扔进垃圾桶里，看上去很整洁。"这样的表扬会强化"因收拾整齐而受到表扬"的概念，让孩子把优秀的地方发扬光大，下一次孩子依然会把客厅收拾得很好。

三是描述内心的感受。看到孩子值得赞赏的行为时，父母还可以描述自己的感受，以此来肯定孩子。比如当妈妈早上看到孩子自己把衣服穿戴整齐，她可以这样说："你自己能把衣服、袜子、鞋子穿好，不用妈妈帮忙，妈妈终于放心了。"孩子听到父母这样的反馈，知道自己的表现父母都看在眼里，他们也会很开心。

温柔鼓励，给失败的孩子勇气

听说练习跳高有很多好处，然然的爸爸决定让然然练习跳高。然然试着跳了一次，没跳过去，爸爸鼓励他再跳，但然然还是没跳过去。

孩子的心理承受能力远远比不上成年人，他们通常比成年人更敏感、更脆弱、更禁不起打击，自尊心受到伤害时反应更为极端。有的家长以为责骂孩子会让孩子意识到自己的问题，不再犯错和失败。殊不知，责骂和殴打孩子不仅会伤害孩子的身体，孩子也会因为害怕再次失败而拖延着不愿开始。

对孩子来说，父母的温情与支持是信心的来源。因此，当孩子面对挫折的时候，父母更应看重孩子的心灵，用温和的鼓励去引导孩子，避免挫折对孩子的心灵造成伤害。父母的鼓励，对孩子克服困难，走出失败的阴影有重大的意义。

缺了一个角的星星

牛牛的爸爸送牛牛去篮球班练习打篮球。下课的时候，牛牛拿了一个五角星，跟爸爸说是老师给的奖励。

爸爸看了看五角星，疑惑地问："你的五角星怎么缺了一角呢？"

牛牛说今天练习拍球，大家都拍得很好，但是他拍到最后一个时失手了，可是，老师还是给了他一个五角星，不过星星缺了一角。

牛牛问老师，为什么自己的星星和别人的不一样？老师说，因为他拍球拍得很棒，差一点点就满分了。希望他下次再努力一点，多多练习，就能得到一个完整的星星了。

牛牛的爸爸很庆幸，老师没有为了照顾牛牛而给他一个和其他小朋友一样的星星，而是给牛牛一个缺了一角的星星，这既让他知道自己还需要练习，也照顾了他的自尊。

在孩子的成长过程中，失败和挫折在所难免，我们要引导孩子接受挫折，学会有勇气再次开始。

心理学家研究指出：当孩子遇到挫折时，高达九成以上的人会有攻击、退化、压抑、固执与退却五种反应。大多数孩子在遇到挫折时，很容易陷入负面情绪，悲伤或者哭泣，并且一味地责备和否定自己。那么，父母该如何帮孩子走出失败的阴影呢？

第92招 鼓励孩子接纳失败

成功和失败都是人生的常态。父母应该让孩子早点意识到，每个人都会失败，他并不是唯一一个。父母可以给孩子讲述名人事迹或自身失败的案例，引导孩子不要受到结果的束缚。比如父母可以说："爸爸有个客户，跟客户谈了一个月，眼看要签合同了，结果这位客户被别人挖走了。虽然我很生气，但我还是没放弃，后来又和这个客户签了个更大的合同。所以，'失败是成功之母'。"

父母也要让孩子知道，无论孩子是成功还是失败，父母都会一直支持他。父母的支持，就是孩子最大的动力，能让孩子勇敢地去面对挑战。父母可以跟孩子说："无论你赢了还是输了，你都是爸爸妈妈的孩子，我们永远支持你、爱你。"

第93招　相信孩子能做到

有这样一个故事。妈妈去给儿子开家长会，老师对她说："这次数学考试，你儿子考了10分。我们怀疑他智力有障碍……"妈妈听后很难过，但还是调整心情，回家对儿子说："老师对你很有信心，只要你能细心些，一定会赶上你的同桌。"在妈妈的鼓励下，儿子第二天早早地就去上学了。

儿子上初中了，妈妈又去开家长会。老师告诉她，按她儿子现在的成绩，很难考上重点高中。她怀着忐忑的心情走出校门，发现儿子在等她，她告诉儿子："班主任对你非常满意，只要你努力，很有希望考上重点高中。"

高考结束后，儿子考上一所重点院校，他哭着对妈妈说："妈妈，我知道我不是一个聪明的孩子，是您的鼓励帮我走到了现在。"

"相信"是最好的教育，父母的信任，就是孩子创造奇迹的起点。

第94招　鼓励孩子表达负面情绪

强行制止孩子的哭泣不仅会让孩子情绪低落，还会让孩子对什么都不满意，因为他的负面情绪和受到的创伤没有机会发泄和愈合。

孩子在哭的时候，父母可以给孩子一个拥抱，并说"我知道你很难过，你想出去玩，但是现在到睡觉的时间了"，或者帮孩子明确表达情绪："你想哭就哭吧，妈妈陪着你"。鼓励孩子表达情绪，可以让孩子清晰地知道情绪来自哪里，从而减少无休止的大哭大闹。

除了用同理心来体谅和关心孩子，父母还可以准备一个拳击袋或不倒翁，引导孩子释放负面情绪。

自然后果法，发挥正面管教的力量

情景展现

每天早上上学，曼曼总是慢吞吞的。为了避免迟到，曼曼的妈妈总是拽着曼曼赶紧出门。因为慌乱，曼曼经常忘带一些东西。

很多孩子做什么事都拖拖拉拉，造成拖拉的重要原因就是父母的全权代理和过分保护，这会让孩子习惯性地把责任推卸给父母，比如，孩子上学迟到就埋怨父母不早点喊自己起床。

成长都是在体验中进行的，因为体验带来的是货真价实的经验，而经验是成长必备的条件。每个孩子都是在体验失败、麻烦、挫折之后，才学会去应对。如果父母替孩子挡下一切，铲平前进路上的一切障碍，孩子的能力发展反而会变得缓慢，孩子也变得越来越爱拖延。

"自然后果法"治疗拖延

只有让孩子亲身体验拖拉磨蹭的后果，认识到拖拉磨蹭给自己带来的危害，尝到苦头，孩子才会自觉地进行时间管理。

法国教育家卢梭提出的"自然后果法"，被奉为最有效的教育手段。自然后果法是如果孩子犯错导致了不良后果，那就让孩子自己承受。亲身体验不良后果，有助于孩子吸取教训。

自然后果法的精髓在于"自然"，如果孩子做得好，那么他就会得到好结果，如果做得不好，自然要承担不良后果，这就是成长。父母永远无法代替孩子成长，所以，父母不如顺应自然，让孩子去承担自己该承担的。何况，孩子在童年时期遇到的都是小小的困难，这正好为孩子提供了学习的机会，也为孩子长大后遇到更大的困难做好准备。

当孩子为自己的错误付出了小小的"代价"，他就更容易识别行为和后果之间的关系，进而会在之后的学习和生活中学会主动承担责任，变得更加积极主动。

让孩子承担自己行为带来的责任，父母需要注意以下几点。

第95招 "告知"而不是刻意阻止

父母总是不喜欢孩子犯错，为了阻止不良后果发生，就会通过各种手段去阻止。比如，为了阻止孩子迟到而挨老师批评，父母就不停地唠叨，甚至代劳一切。自然后果法重视的就是不良后果带给孩子的心理感受，如果父母根本不让这种后果发生，那后果自然也失去了意义。

父母要做的不是阻止，而是"告知"，让孩子自己选择。比如，父母可以告诉孩子，如果起床晚了，就会迟到挨批评，而不是为了能让孩子快一点，帮孩子穿衣服。父母一定要注意自然后果法的使用态度，最好遵循"事不关己"的姿态，让孩子主动扛起责任。

第96招 "自然后果"发生后慎用惩罚

如果孩子不小心把作业落在家里，很多父母会选择把作业给孩子送过去。但放学后，父母会对孩子进行训斥和说教，甚至会因为这件事，对孩子进行惩罚，如晚上不允许玩游戏、禁止吃零食一周……

这些惩罚式的教育简单、粗暴，往往一次两次都会收到非常好的效果，看似很管用，但这种通过伤害孩子感情或者身体为代价的做法，更容易引起孩子更极端的情绪，孩子可能会反抗，憎恨、疏离父母，甚至报复。孩子可能表面上遵照父母的要求做了，但内心是抗拒的。慢慢地，孩子不仅抗拒父母的命令，更会与父母变得疏远。

第97招 商量解决拖延导致的问题

如果拖延会导致遗忘，那父母就和孩子一起做一个出门小提示。父母可以帮助孩子做一个出门小提示，引导孩子在出门之前先看提示再出门，提示可以写上例如"钥匙、乘车卡、书包、红领巾、作业本、昨天老师提醒的内容……"时间久了，孩子也就慢慢地养成了提前准备，三思后行的习惯了。

巧用"期望理论"，治好孩子拖延症

 情景展现

小钟成绩很差，小钟的爸爸狠狠地批评过，也苦口婆心地劝过，但小钟仍旧没有学习的热情，每天作业拖拖拉拉。爸爸，决定换一种方式激励小钟。

有些家长为了激励孩子努力学习，会吓唬孩子："不好好学习，你长大就找不到工作。"这种消极的期待，只会给孩子平添烦恼和负担。父母要给予孩子的是积极的期待，激励孩子向好的方向发展。

罗森塔尔效应

1960 年，哈佛大学的罗森塔尔博士来到一所学校，他让校长表扬了几位教师，称赞他们是学校最好的老师，之后又给这些老师指出了几个班上智商最高的学生。等到一年之后，罗森塔尔再次来到学校，发现被表扬的老师教的班级变成全校成绩最好的班级，而那几位所谓的"智商最高"的学生的成绩也突飞猛进，跃居班上前几名。

其实这几位教师并不是学校最好的老师，那几位学生也不是智商最高的学生，他们都是被随机选出来的。只是校长的这一番话产生了巨大的效果，让教师更加努力教学，并且对那几位学生更加器重和用心，学校对教师的期待，教师对学生的期待变成了强大的动力。

罗森塔尔将这种效应命名为"罗森塔尔效应"，指的是人心中怎么想、怎么相信的，就会获得怎么样的成就，即期望什么，就会得到什么，人们得到的不是想要的，而是期待的。只要充满自信的期待，只要真的相信事情会顺利进行，事情一定会顺利进行。

我们的行为不是受经验的影响，而是受期待的影响。聪明的父母是懂得给孩子设定一个期望值的，把孩子定位为优秀的、聪明的，不仅是父母对孩子有信心，孩子也会对自己产生非常多的信心，从而促使孩子往更好的方向发展，走向父母期待的方向。

那么，父母应该如何正确地鼓励孩子，让孩子更加上进呢？

第98招 肯定孩子做得好的地方

　　有些父母喜欢拿自己孩子的缺点和别人孩子的优点去对比，在这样的比较下，孩子会将自己的缺点和短板无限放大，忽视了自己的优点和长处，逐渐丧失信心。

　　如果父母能够肯定孩子做得好、做得对的地方，孩子就会感受到更多的勇气和自信。比如孩子做了10道题，错了一半，父母可以这样对孩子说："10道题里面对了5道题，看来老师讲的知识，你掌握了一半。你可以回头复习另一半，下次做题就能做得更好了。"再比如孩子发现自己的画不如别人好，父母可以安慰孩子："没关系，妈妈觉得你的配色很有冲击力。至于其他方面，只要多加练习，你会有进步的。"

第99招 为孩子的每一点进步感到高兴

　　不管孩子取得了什么样的进步，父母都应该为孩子感到高兴，哪怕只是一点点微不足道的成绩。比如孩子这次的考试只得了80分，但是比上次提高了10分，父母可以对孩子说："你这次的考试成绩提高了10分，有很大的进步呢！我们争取下次再提高10分，照这样下去，你的成绩会稳步提高的。"

第100招 多给予正向的心理暗示

日本的专家曾经进行过这样一个实验。工作人员找到一个长相一般，内向寡言的女生，和女生身边的人约定好，要经常夸奖女生，尤其是女生的老师，他每天都会夸奖女生漂亮。这位女生听到有人夸奖自己漂亮，由刚开始的不敢置信渐渐地变为开心。她也开始有意识地打扮自己，摘掉黑框眼镜，戴上隐形眼镜，换了发型，开始减肥、化妆。一个月后，出现在人们面前的是一个漂亮、自信的女生。

正面暗示对孩子的发展非常重要，只要父母看到孩子的潜力，并多给孩子一些鼓励，那么孩子的短板也有可能转换成优势。

父母看到孩子缺点的同时，也要看到孩子的优点，用自己的鼓励陪伴孩子越走越远。

青蓝